P. Chrysostomus Ripplinger OSB
Ehre sei Gott in der Höhe

Ehre sei Gott in der Höhe

Andachten für die Advents- und Weihnachtszeit

Chrysostomus Ripplinger

benno

Bibliografische Information der Deutschen Nationalbibliothek
Die Deutsche Nationalbibliothek verzeichnet diese Publikation
in der Deutschen Nationalbibliografie;
detaillierte bibliografische Informationen sind im Internet über
http://dnb.d-nb.de abrufbar.

Besuchen Sie uns im Internet:
www.st-benno.de

Gern informieren wir Sie unverbindlich und aktuell auch in
unserem Newsletter zum Verlagsprogramm, zu Neuerscheinungen
und Aktionen. Einfach anmelden unter www.st-benno.de.

ISBN 978-3-7462-4130-2

© St. Benno Verlag GmbH, Leipzig
Umschlaggestaltung: birq design, Leipzig
Umschlagabbildung: ©preto-perola/Fotolia
Gesamtherstellung: Kontext, Lemsel (A)

Inhalt

Abkürzungen und Zeichen   6

Geleitwort   7

Andachten im Advent   8
   Heute, wenn ihr seine Stimme hört   8
   Christus, dem Herrn, entgegen   17
   Du bist voll der Gnade   24
   Rorate-Andacht   32
   Bußandacht im Advent als Wort-Gottes-Feier   44
   Andacht zu den O-Antiphonen. Komm,
     Herr Jesus – Maranatá   52

Andachten in der Weihnachtszeit   71
   Ehre sei Gott in der Höhe   71
   Christ, erkenne deine Würde   80
   Andacht zum Jahresabschluss.
     Jesus Christus ist derselbe gestern,
     heute und in Ewigkeit   89
   Kindersegung zur Weihnachtszeit   101
   Andacht zum Taufgedächtnis   109

Verzeichnis der verwendeten Bibeltexte

Quellenverzeichnis

Abkürzungen und Zeichen

V   Vorbeter/in

A   Alle, Gemeinde

A+V   Alle und Vorbeter gemeinsam

P/V   Priester oder Vorbeter

L   Lektor/in

Geleitwort

Advent und Weihnachten bedenken in liturgischer Feier das Geheimnis der Menschwerdung Gottes in Jesus Christus und seine Wiederkunft am Ende der Zeiten.
Unser Beten führt den Lobpreis Gottes. Mit den Engeln auf den Fluren von Bethlehem dürfen wir darin einstimmen: „Ehre sei Gott in der Höhe und Friede den Menschen auf Erden" (Lk 2,14). Die Geburt Jesu sagt uns: Gott ist auf der Seite der Menschen.
Die vorliegenden Andachten sind als Hilfe für das gemeinsame Gebet von Gemeinden, Gruppen oder auch von Einzelbetern gedacht. Die Lieder wurden aus dem Stammteil des neuen Gotteslob ausgewählt. Gerade die Advents- und Weihnachtszeit lädt uns dazu ein, Ruhe zu finden und sich ganz auf das Kommen Jesu einzulassen.

Chrysostomus Ripplinger OSB

Heute, wenn ihr seine Stimme hört
(vgl. Ps 95,7)

Lied
Kündet allen in der Not (GL 221,1-3)

V Im Namen des Vaters und des Sohnes und des Heiligen Geistes.
A Amen.

Lobpreis

V Heiliger Geist, du Gast, der die Herzen erfreut, mach uns bereit im Glauben, in der Hoffnung, die nicht trügt, in der Liebe, die keinen Lohn erwartet!
A Komm, Geist der Liebe und des Friedens!
V Geist der Wahrheit, Gedächtnis und Prophetie der Kirche, du ergründest die Tiefen Gottes, lass die Menschheit in Jesus von Nazaret, den Herrn der Herrlichkeit, den Retter der Welt, die Vollendung der Geschichte erkennen.
A Komm, Geist der Liebe und des Friedens!
V Schöpfergeist, verborgener Urheber von Gottes Reich, lehre die Kirche kraft deiner heiligen Gaben, den kommenden Generationen das Licht

des rettenden Wortes zu bringen. Lass sie wach sein für dein Wirken.

A Komm, Geist der Liebe und des Friedens!

V Geist der Heiligkeit, göttlicher Atem, der das Weltall bewegt, komm und erneuere das Antlitz der Erde. Wecke in den Christen den Wunsch nach der vollen Einheit, damit sie wirksames Zeichen der Verbundenheit mit Gott und der Einheit des Menschengeschlechtes sind. Mache uns offen, den Willen Gottes zu erkennen.

A Komm, Geist der Liebe und des Friedens!

V Geist des Trostes, Quelle der Freude und des Friedens, wecke Solidarität mit den Notleidenden, schenke den Kranken Gesundheit und Beistand, erfülle die Bedrückten mit Zuversicht und Hoffnung. Mache uns fügsam für die Eingebungen deiner Liebe, wach und bereit, die Zeichen der Zeit zu erkennen.

A Komm, Geist der Liebe und des Friedens!

A+V Dir, Geist der Liebe, dem allmächtigen Vater und dem einzigen Sohn sei Lob, Ehre und Herrlichkeit jetzt und in Ewigkeit. Amen.

Gebet nach dem hl. Papst Johannes Paul II. zum zweiten Jahr der Vorbereitung auf das Heilige Jahr 2000

Lesung: Lk 12,35-37

L Lesung aus dem Evangelium nach Lukas.
[Auf dem Weg hinauf nach Jerusalem sagte Jesus seinen Jüngern:] Legt euren Gürtel nicht ab, und lasst eure Lampen brennen! Seid wie Menschen, die auf die Rückkehr ihres Herren warten, der auf einer Hochzeit ist, und die ihm öffnen, sobald er kommt und anklopft. Selig die Knechte, die der Herr findet, wenn er kommt! Amen, ich sage euch: Er wird sich gürten, sie am Tisch Platz nehmen lassen und sie der Reihe nach bedienen.

Stille

Impuls

L Wer glaubt ist nicht allein! In der Gemeinschaft der Glaubenden sind wir mit Gottes Hilfe stark. Christus ist die Quelle, die uns vor den Katastrophen bewahrt. Er ist der Arzt, der uns heilt. In-Christus-Bleiben ist die Lösung vieler Probleme. In unserer Zeit der Orientierungssuche, der Ratlosigkeit und auch der Beliebigkeit macht uns Jesus Hoffnung.
Viele Menschen verlieren den Halt. Unserer Generation mag es ergehen wie König Belschazzar, der ein großes Gastmahl für seine Großen

veranstaltete. Der König und seine Gäste tranken Wein aus den geraubten goldenen Gefäßen des Jerusalemer Tempels. Zu dieser Stunde erschienen die Finger einer Menschenhand, die an die Wand schrieben: „Mene: Gezählt hat Gott die Tage deiner Herrschaft und macht ihr ein Ende. Tekel: Gewogen wurdest du auf der Waage und zu leicht befunden. Peres: Geteilt wird dein Reich und den Medern und Persern gegeben" (Dan 5,26-28). Die Gottesfurcht war damals und ist heute geschwunden und die Treue der Liebe ist zerbrechlich geworden, aber Gott steht zu uns in Treue. Er selbst nimmt Sünde und Leid auf sich und verwandelt sie mit seiner Liebe. Die Knechte, die er bei seinem Kommen wachend findet, lässt er am Tisch Platz nehmen und bedient sie der Reihe nach.

Lied
„Wachet auf", ruft uns die Stimme (GL 554,1-2)

Gebet

V Jemand muss zu Hause sein, / Herr, / wenn du kommst. / Jemand muss dich erwarten, / unten am Fluss / vor der Stadt. Jemand muss nach dir Ausschau halten, / Tag und Nacht. / Wer weiß denn, wann du kommst?

A Herr, / jemand muss dich kommen sehen / durch die Gitter / seines Hauses, / durch die Gitter – / durch die Gitter deiner Worte, / deiner Werke, / durch die Gitter der Geschichte, / durch die Gitter des Geschehens / immer jetzt und heute / in der Welt.

V Jemand muss wachen, / unten an der Brücke, / um deine Ankunft zu melden, / Herr, / du kommst ja doch in der Nacht, / wie ein Dieb.

A Wachen ist unser Dienst. / Wachen. / Auch für die Welt. / Sie ist oft so leichtsinnig, / läuft draußen herum / und nachts ist sie auch nicht / zu Hause. / Denkt sie daran, / dass du kommst? / Dass du ihr Herr bist / und sicher kommst?

V Jemand muss es glauben, / zu Hause sein um Mitternacht, / um dir das Tor zu öffnen / und dich einzulassen, / wo du immer kommst.
Herr, / durch meine Zellentüre / kommst du in die Welt / und durch mein Herz / zum Menschen. / Was glaubst du, / täten wir sonst?

A Wir bleiben, / weil wir glauben. / Zu glauben und zu bleiben / sind wir da, draußen, / am Rand der Stadt.

V Herr, / und jemand muss dich aushalten, / dich ertragen, / ohne davonzulaufen.

A Deine Abwesenheit aushalten / ohne an deinem Kommen / zu zweifeln. / Dein Schweigen aushalten / und singen.

V Dein Leiden, deinen Tod mitaushalten / und daraus leben. / Das muss immer jemand tun / mit allen andern / und für sie.

A Und jemand muss singen, / Herr, / wenn du kommst! / Das ist unser Dienst: / Dich kommen sehen und singen. / Weil du Gott bist. / Weil du die großen Werke tust, / die keiner wirkt als du. / Und weil du herrlich bist / und wunderbar, / wie keiner.

V Komm, Herr! / Hinter unsern Mauern / unten am Fluss / wartet die Stadt / auf dich.

A Amen.

Silja Walter

Lied
O Herr, wenn du kommst (GL 233,1-2)

Psalmgebet: Psalm 95

V/A Hört auf die Stimme des Herrn,
verschließt ihm nicht das Herz.
(Kv und Psalm gesungen: GL 53,1-2).

V Kommt, lasst uns jubeln vor dem Herrn *
und zujauchzen dem Fels unsres Heiles!

A Lasst uns mit Lob seinem Angesicht nahen, *
vor ihm jauchzen mit Liedern!

V Denn der Herr ist ein großer Gott, *
ein großer König über allen Göttern.

A In seiner Hand sind die Tiefen der Erde, *
sein sind die Gipfel der Berge.

V Sein ist das Meer, das er gemacht hat, *
das trockene Land, das seine Hände gebildet.

A Kommt, lasst uns niederfallen, uns vor ihm verneigen, *
lasst uns niederknien vor dem Herrn, unserm Schöpfer!

V Denn er ist unser Gott, /
wir sind das Volk seiner Weide, *
die Herde, von seiner Hand geführt.

A Ach, würdet ihr doch heute auf seine Stimme hören! /
„Verhärtet euer Herz nicht wie in Meríba, *
wie in der Wüste am Tag von Massa!

V Dort haben eure Väter mich versucht, *
sie haben mich auf die Probe gestellt und hatten doch mein Tun gesehen.

A Vierzig Jahre war mir dies Geschlecht zuwider /
und ich sagte: Sie sind ein Volk, dessen Herz in die Irre geht; *
denn meine Wege kennen sie nicht.

V Darum habe ich in meinem Zorn geschworen: *
Sie sollen nicht kommen ins das Land meiner Ruhe."

V Ehre sei dem Vater und dem Sohne *
und dem Heiligen Geiste,
A wie im Anfang, so auch jetzt und allezeit *
und in Ewigkeit. Amen.

A+V Hört auf die Stimme des Herrn,
verschließt ihm nicht das Herz.

Gebetsrufe

V/A Komm, o Heiland, und rette uns.
V Lass uns diese Stunde als Chance erkennen.
A Komm und rette uns.
V Lass uns deinen Ruf vernehmen.
A Komm und rette uns.
V Lass uns für dich entscheiden.
A Komm und rette uns.
V Lass unsere Lampen brennen.
A Komm und rette uns.
V Lass unsere Liebe zu dir und dem Nächsten brennen.
A Komm und rette uns.
V Lass uns dich erwarten.
A Komm und rette uns.
V/A Komm, o Heiland, und rette uns.

Segensbitte

V Barmherziger Gott, du hast uns den Glauben an das Kommen deines Sohnes geschenkt. Mache uns stark im Glauben, fest in der Hoffnung und mutig in der Liebe, damit wir dir mit bereitem Herzen entgegeneilen. So segne uns der gütige Gott, der Vater und der Sohn und der Heilige Geist.
A Amen.

Lied
Kündet allen in der Not (GL 221,4-5)

Christus, dem Herrn, entgegen

■ **Lied**
Macht hoch die Tür, die Tor macht weit
(GL 218,1-2)

V Im Namen des Vaters und des Sohnes und des Heiligen Geistes.
A Amen.

■ **Christus-Rufe**

V Christus, du bist der Gesandte des Vaters. Du bist gekommen, um das Verlorene zu suchen und des Verirrte heimzuholen.
A Lasst uns Christus, dem Herrn, entgegeneilen.
V Christus, du bist Mensch geworden, um uns aus den Fesseln des Todes und der Sünde zu befreien.
A Lasst uns Christus, den Herrn, entgegeneilen.
V Christus, du bist der Weg, die Wahrheit und das Leben. Durch dich finden wir den Weg zum Vater.
A Lasst uns Christus, dem Herrn, entgegeneilen.

Lesung: Mt 25,1-13

L Lesung aus dem Evangelium nach Matthäus.

In jener Zeit erzählte Jesus seinen Jüngern folgendes Gleichnis: Mit dem Himmelreich wird es sein wie mit zehn Jungfrauen, die ihre Lampen nahmen und dem Bräutigam entgegengingen. Fünf von ihnen waren töricht, und fünf waren klug. Die törichten nahmen ihre Lampen mit, aber kein Öl, die klugen aber nahmen außer den Lampen noch Öl in Krügen mit. Als nun der Bräutigam lange nicht kam, wurden sie alle müde und schliefen ein.

Mitten in der Nacht aber hörte man plötzlich laute Rufe: Der Bräutigam kommt! Geht im entgegen! Da standen die Jungfrauen alle auf und machten ihre Lampen zurecht. Die törichten aber sagten zu den klugen: Gebt uns von eurem Öl, sonst gehen unsere Lampen aus. Die klugen erwiderten ihnen: Dann reicht es weder für uns noch für euch; geht doch zu den Händlern und kauft, was ihr braucht.

Während sie noch unterwegs waren, um das Öl zu kaufen, kam der Bräutigam; die Jungfrauen, die bereit waren, gingen mit ihm in den Hochzeitssaal, und die Tür wurde zugeschlossen. Später kamen auch die anderen Jungfrauen und riefen: Herr, Herr, mach uns auf! Er aber antwortete ihnen: Amen, ich sage euch: Ich kenne euch nicht.

Seid also wachsam! Denn ihr wisst weder den Tag noch die Stunde.

Stille

Impuls
Aus einer Predigt von Bischof Klaus Hemmerle am 07. November 1993 in Aachen

L Mit dem Ruf: „Auf, ihm entgegen!" bin ich bereits beim Thema meiner Predigt angekommen. Ich habe nämlich im Sinn einer Gewissenserforschung über 18 Jahre, die seit dem Tag meiner Weihe vergangen sind, einmal das Evangelium von heute (Mt 25,1-13) gelesen, und dabei sind mir einige Wegweisungen aufgefallen, die für mich, aber auch für Sie gelten können. ...
Der erste Satz: nicht Nachlassverwalter der Vergangenheit, sondern Wegbereiter der Zukunft. Ich bin ehrlich erschrocken, als ich dieses Evangelium las und als ich es verglich mit unserem und meinem normalen Denken über kirchliche Situationen. Wir sind heute stark versucht, nachzudenken über das, was weniger wird und was nicht gut geht. ...
Der zweite Satz besteht aus zwei gegenläufigen Sätzen: Die Nacht wird immer dichter. Der Herr kommt immer näher. ... Wir brauchen jene

Zuversicht des Glaubens. Wir brauchen jene Augen, die vom Geist erleuchtet sind und die auf den kommenden Herrn schauen. Wir brauchen aber aus demselben Geist auch die Gabe der Nüchternheit, um uns nichts vorzumachen vor dem, was ernst ist, was dunkel ist und was schwierig wird. Wir müssen diese Spannung einfach aushalten, diese Spannung zwischen einem – wie manche sagen, anderen gefällt dieses Wort weniger – Verdunsten des Glaubens und jener unbesiegbaren Hoffnung auf Ihn, der kommt. ... dann werden wir zu jenen gehören, denen er sagt: Kommt, nehmt teil an meinem Reich, nehmt teil an meinem Mahl, nehmt Teil an meiner Zukunft!

Lied
Macht hoch die Tür, die Tor macht weit
(GL 218,4-5)

Wechselgebet

V Herr Jesus Christus, wir gedenken deiner Geburt an Weihnachten und wir erwarten dich am Ende der Zeiten. Aber du kommst zu uns Menschen an jedem Tag. Wir dürfen uns freuen, denn du bist uns nahe.

A Gib uns, Herr, den Mut, deine Ankunft mit bren-

CHRISTUS, DEM HERRN, ENTGEGEN

nenden Lampen zu erwarten. Rüttle uns auf, vom Schlafe aufzustehen.

V Herr Jesus Christus, du bist uns nahe in deinen Sakramenten. Immer wieder hören wir dich, wenn du im Wort der Heiligen Schrift zu uns sprichst.

A Lass uns ablegen die Werke der Finsternis und anziehen die Waffen des Lichtes, damit wir dir freudig entgegengehen können.

V Herr Jesus Christus, täglich begegnest du uns auch in den geringsten unserer Brüder und Schwestern. Aber du kommst auch zu jedem einzelnen von uns in unserem Tode, um uns in die Herrlichkeit deines Vaters heimzuholen.

A Gib uns die Bereitschaft, dich zu jeder Stunde unseres Lebens freudig zu empfangen, denn bei dir ist Barmherzigkeit und reiche Erlösung.

V Herr Jesus Christus, du bist Mensch geworden und hast unter uns gewohnt. Du sprichst zu uns in deinem Wort, du begegnest uns in deinen Sakramenten. Mache uns bereit, dass wir dich stets erwarten und dir entgegengehen, der du am Ende der Zeiten wiederkommst in Herrlichkeit.

A Amen.

Kanon
Mache dich auf und werde licht (GL 219)

Psalmgebet: Psalm 24

V/A Hebt euch, ihr Tore! Unser König kommt.
(Kv und Psalm gesungen: GL 633,3)

V Dem Herrn gehört die Erde und was sie erfüllt, *
der Erdkreis und seine Bewohner.
A Denn er hat ihn auf Meere gegründet, *
ihn über Strömen befestigt.
V Wer darf hinaufziehn zum Berg des Herrn, *
wer darf stehn an seiner heiligen Stätte?
A Der reine Hände hat und ein lauteres Herz, *
der nicht betrügt und keinen Meineid schwört.
V Er wird Segen empfangen vom Herrn *
und Heil von Gott, seinem Helfer.
A Das sind die Menschen, die nach ihm fragen, *
die dein Antlitz suchen, Gott Jakobs.
V Ihr Tore, hebt euch nach oben, /
hebt euch, ihr uralten Pforten; *
denn es kommt der König der Herrlichkeit.
A Wer ist der König der Herrlichkeit? /
Der Herr, stark und gewaltig, *
der Herr, mächtig im Kampf.
V Ihr Tore, hebt euch nach oben, /
hebt euch ihr uralten Pforten; *
denn es kommt der König der Herrlichkeit.
A Wer ist der König der Herrlichkeit? /
Der Herr der Herrscharen, *

CHRISTUS, DEM HERRN, ENTGEGEN

er ist der König der Herrlichkeit.
V Ehre sei dem Vater und dem Sohn *
und dem Heiligen Geist,
A wie im Anfang, so auch jetzt und alle Zeit *
und in Ewigkeit. Amen.

A+V Hebt euch, ihr Tore! Unser König kommt.

Lied
O Heiland, reiß die Himmel auf (GL 231,1-3)

Segensbitte

V Der barmherzige Gott hat uns den Glauben an das Kommen seines Sohnes geschenkt. Er mache uns stark im Glauben, fest in der Hoffnung und mutig in der Liebe, damit wir ihm freudig entgegengehen. So segne uns der barmherzige und gütige Gott, der Vater, der Sohn und der Heilige Geist.
A Amen.

O Heiland, reiß die Himmel auf (GL 231,4-6)

Du bist voll der Gnade

Lied
Maria durch ein Dornwald ging
(GL 224,1-3)

V Im Namen des Vaters und des Sohnes und des Heiligen Geistes.
A Amen.

Wechselgebet

V/A Sei gegrüßt, Maria, voll der Gnade. Der Herr ist mit dir. (Kv gesungen GL 649,1)

V Maria besucht ihre Verwandte Elisabeth. Der Engel Gabriel hatte Maria gesagt, dass Elisabeth ein Kind bekommt. Maria eilt zu ihr in das Bergland von Judäa, um ihr zu helfen.
A Sei gegrüßt, Maria, voll der Gnade. Der Herr ist mit dir.
V Maria kommt in das Haus des Zacharias und der Elisabeth. Als diese den Gruß Marias hört, hüpft das Kind in ihrem Schoß vor Freude auf.
A Sei gegrüßt, Maria, voll der Gnade. Der Herr ist mit dir.
V Elisabeth sagt zu Maria: „Gesegnet bist du mehr

als alle anderen Frauen, die Mutter werden; du gehörst zu denen, die Gott ganz glücklich gemacht hat, weil du geglaubt hast, was der Herr dir durch den Engel sagen ließ."

A Sei gegrüßt, Maria, voll der Gnade. Der Herr ist mit dir.

V Was Maria von Gott empfangen hat, bringt sie Elisabeth. In der Umarmung der beiden Frauen liegt Glück und Freude, aber auch Dankbarkeit und gegenseitige Ermutigung. Mit den werdenden Müttern freuen sich auch die Kinder in ihrem Schoß.

A Sei gegrüßt, Maria, voll der Gnade. Der Herr ist mit dir.

V Gottes Weg der Erlösung ist so menschlich. Die beiden schwangeren Frauen verbindet jetzt mehr, als sie sich vorher träumen ließen. Es ist das Vertrauen auf Gottes Gnade. Wo Gott am Werk ist, da geschieht mehr, als sich menschliche Vorstellungskraft auszudenken vermag.

A Sei gegrüßt, Maria, voll der Gnade. Der Herr ist mit dir.

Lied
Komm, du Heiland aller Welt (GL 227,1-3)

Lesung: Lk 1,39-45

L Aus dem Evangelium nach Lukas.
Nach einigen Tagen machte sich Maria auf den Weg und eilte in eine Stadt im Bergland von Judäa. Sie ging in das Haus des Zacharias und begrüßte Elisabeth. Als Elisabeth den Gruß Marias hörte, hüpfte das Kind in ihrem Leib. Da wurde Elisabeth vom Heiligen Geist erfüllt und rief mit lauter Stimme: Gesegnet bist du mehr als alle anderen Frauen, und gesegnet ist die Frucht deines Leibes. Wer bin ich, dass die Mutter meines Herrn zu mir kommt? In dem Augenblick, als ich deinen Gruß hörte, hüpfte das Kind vor Freude in meinem Leib. Selig ist die, die geglaubt hat, dass sich erfüllt, was der Herr ihr sagen ließ.

Impuls

L In der schöpferischen Liebe Gottes bewegt sich Maria. Das wird für uns in ihrem Lobpreis, dem Magnifikat verdeutlicht. Dieses Magnifikat ist ein Gebet, in dem Maria den Gruß Elisabeths beantwortet und auf Gott ein Loblied anstimmt. Der Evangelist Lukas und die Kirche des Anfangs wussten, dass dies der Originalton gewesen ist, dass darin Maria uns hörbar wird. Maria preist nicht sich selbst, sondern Gott, ihren Retter; sie erhebt ihn, macht ihn groß. In dieser

Lobpreisung wächst Maria über sich hinaus und sieht sich als Glied des Gottesvolkes in ihrer besonderen Berufung, die Mutter des Messias zu sein. Sie erkennt die Wege Gottes. Sie bleibt ein Mensch wie wir, aber sie erfasst, was menschliche Existenz vor dem Angesichte Gottes ist. Und das geschieht durch ihren Glauben. Durch ihre Berufung wird Maria zum Bild des vollendeten Menschen, der das eigentliche Ebenbild Gottes (vgl. Gen 1,26-27) ist und der sich vor Gott seiner Aufgabe in der Welt bewusst wird. Maria lehrt uns, nicht an Äußerlichkeiten hängen zu bleiben, sondern auf den Willen Gottes zu hören und ihn in unserem Alltag zu erfüllen.

Stille

Magnificat (Lk 1,46-55)

V+A Meine Seele, preise den Herrn.
(Kv u. Magnificat gesungen: GL 650,3 u. 634,4)

V Meine Seele preist die Größe des Herrn, *
und mein Geist jubelt über Gott, meinem Retter.
A Denn auf die Niedrigkeit seiner Magd hat er geschaut. *
Siehe von nun an preisen mich selig alle Geschlechter!

V	Denn der Mächtige hat Großes an mir getan, * und sein Name ist heilig.
A	Er erbarmt sich von Geschlecht zu Geschlecht* über alle, die ihn fürchten.
V	Er vollbringt mit seinem Arm machtvolle Taten: * er zerstreut, die im Herzen voll Hochmut sind;
A	er stürzt die Mächtigen vom Thron * und erhöht die Niedrigen.
V	Die Hungernden beschenkt er mit seinen Gaben * und lässt die Reichen leer ausgehn.
A	Er nimmt sich seines Knechtes Israel an * und denkt an sein Erbarmen,
V	das er unseren Vätern verheißen hat, * Abraham und seinen Nachkommen auf ewig.
A	Ehre sei dem Vater und dem Sohn * und dem Heiligen Geist.
V	Wie im Anfang, so auch jetzt und alle Zeit * und in Ewigkeit. Amen.

V+A Meine Seele, preise den Herrn.

■ **Wechselgebet** (nach Eph 1,3-10)

V/A Gebenedeit bist du unter den Frauen; gebenedeit ist die Frucht deines Leibes.
(Kv und Canticum gesungen: GL 649,7)

DU BIST VOLL DER GNADE

V Gepriesen sei Gott,
den Gott und Vater unseres Herrn Jesus Christus:
Er hat uns mit allem Segen seines Geistes gesegnet
durch unsere Gemeinschaft mit Christus im Himmel.

A Denn in ihm hat er uns erwählt
vor der Erschaffung der Welt,
damit wir heilig und untadelig
leben vor Gott;

V er hat uns aus Liebe im Voraus dazu bestimmt,
seine Söhne zu werden durch Jesus Christus
und zu ihm zu gelangen nach seinem gnädigen Willen,
zum Lob seiner herrlichen Gnade.

A Er hat sie uns geschenkt in seinem geliebten Sohn;
durch sein Blut haben wir die Erlösung,
die Vergebung der Sünden
nach dem Reichtum seiner Gnade.

V Durch sie hat er uns reich beschenkt
mit aller Weisheit und Einsicht
und hat uns das Geheimnis seines Willens kundgetan,
wie er es gnädig im Voraus bestimmt hat:

A die Fülle der Zeiten herauszuführen in Christus
und alles, was im Himmel und auf Erden ist,
in ihm zu vereinen.

V Ehre sei dem Vater und dem Sohne
und dem Heiligen Geiste.
A Wie im Anfang, so auch jetzt und allezeit
und in Ewigkeit. Amen.

V+A Gepriesen bist du unter den Frauen;
gebenedeit ist die Frucht deines Leibes.

Lied
Ave Maria zart (GL 527,1-4)

Der Engel des Herrn (Angelus)

V Der Engel des Herrn brachte Maria die Botschaft,
A und sie empfing vom Heiligen Geist.
Gegrüßet seist du, Maria, / voll der Gnade, / der Herr ist mit dir. / Du bist gebenedeit unter den Frauen, / und gebenedeit ist die Frucht deines Leibes, Jesus. / Heilige Maria, Mutter Gottes, / bitte für uns Sünder / jetzt und in der Stunde unseres Todes. / Amen.
V Maria sprach: Siehe, ich bin die Magd des Herrn;
A mir geschehe nach deinem Wort.
Gegrüßet seist du, Maria …
V Und das Wort ist Fleisch geworden

A und hat unter uns gewohnt.
Gegrüßet seist du, Maria …
V Bitte für uns, heilige Gottesmutter,
A dass wir würdig werden der Verheißungen Christi.

V Lasset uns beten. – Allmächtiger Gott, gieße deine Gnade in unsere Herzen ein. Durch die Botschaft des Engels haben wir die Menschwerdung Christi, deines Sohnes, erkannt. Lass uns durch sein Leiden und Kreuz zur Herrlichkeit der Auferstehung gelangen. Darum bitten wir durch Christus, unseren Herrn.
A Amen.

Segensbitte

V Der Herr segne uns und behüte uns. Der Herr lasse sein Angesicht über uns leuchten und sei uns gnädig. Der Herr wende sein Angesicht uns zu und schenke uns Heil.
A Amen.

Lied
Maria, Mutter unsres Herrn (GL 530,1-4)

Rorate-Andacht

Die Kerzen am Adventskranz brennen. Ebenso werden weitere Kerzen entzündet.

Lied
Tau aus Himmelshöhn (GL 158)

V Im Namen des Vaters und des Sohnes und des Heiligen Geistes.
A Amen.

Rorate-Ruf

V/A Ihr Himmel, tauet den Gerechten,
ihr Wolken, regnet ihn herab
oder
Rorate caeli desuper,
et nubes pluant iustum
(Kv gesungen GL 234,1 oder 2)

V Herr, zürne nicht länger und gedenke nicht mehr unserer Missetaten. Siehe, die heilige Stadt ist zur Wüste geworden, Sion ist verlassen, Jerusalem verödet, unsere heilige Stätte, wo du verherrlicht wirst, wo dich gepriesen haben unsere Väter.

RORATE-ANDACHT

A Ihr Himmel, … / Roráte caeli …

V Wir haben gesündigt und sind unrein geworden. Wir sind abgefallen wie dürres Laub, und unsere Missetaten haben wie ein Sturmwind uns hinweggefegt. Du hast dein Angesicht von uns abgewendet und uns zerschmettert durch die Wucht unserer Schuld.

A Ihr Himmel, … / Roráte caeli …

V Sieh an, Herr, den Jammer deines Volkes und sende, den du senden willst. Entsende das Lamm, den Beherrscher der Erde, vom Felsen der Wüste zum Berge der Tochter Sion, dass es von uns nehme das Joch unserer Knechtschaft.

A Ihr Himmel, … / Roráte caeli …

V Tröste dich, tröste dich, mein Volk. Bald wird kommen dein Heil. Warum verzehrst du dich in Trauer? Weil dich der Reueschmerz erneuert hat, will ich dein Retter sein. Fürchte dich nicht; denn ich bin der Herr, dein Gott, der Heilige Israels, dein Erlöser.

A Ihr Himmel, … / Roráte caeli …

Oder alternativ:

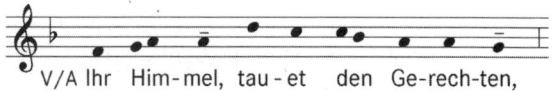

V/A Ihr Him-mel, tau-et den Ge-rech-ten,

Si-on, auf dass es bald das Joch der Knecht-schaft von uns neh-me. A Ihr Him-mel, …

4. V Trös-te dich, trös-te dich, Volk mei-ner Gna-de, denn na-he ist dei-ne Ret-tung. War-um ver-zehrst du dich in Trau-er, in im-mer neu-em Schmer-ze? Heil schenk ich dir, fürch-te dich nicht mehr! Denn ich bin der Herr, dein Gott und Kö-nig, der Heil-ge Is-ra-els und dein Er-lö-ser. A Ihr Him-mel, …

Lesung: Lk 1,39-56

L Lesung aus dem Evangelium nach Lukas.
Nach einigen Tagen machte sich Maria auf den Weg und eilte in eine Stadt im Bergland von Judäa. Sie ging in das Haus des Zacharias und begrüßte Elisabet. Als Elisabet den Gruß Marias hörte, hüpfte das Kind in ihrem Leib. Da wurde Elisabet vom Heiligen Geist erfüllt und rief mit lauter Stimme: Gesegnet bist du mehr als alle anderen Frauen, und gesegnet ist die Frucht deines Leibes. Wer bin ich, dass die Mutter meines Herrn zu mir kommt? In dem Augenblick, als ich deinen Gruß hörte, hüpfte das Kind vor Freude in meinem Leib. Selig ist die, die geglaubt hat, dass sich erfüllt, was der Herr ihr sagen ließ.
Da sagte Maria: Meine Seele preist die Größe des Herrn, und mein Geist jubelt über Gott, meinen Retter. Denn auf die Niedrigkeit seiner Magd hat er geschaut. Siehe, von nun an preisen mich selig alle Geschlechter. Denn der Mächtige hat Großes an mit getan, und sein Name ist heilig. Er erbarmt sich von Geschlecht zu Geschlecht über alle, die ihn fürchten. Er vollbringt mit seinem Arm machtvolle Taten: Er zerstreut, die im Herzen voll Hochmut sind; er stürzt die Mächtigen vom Thron und erhöht die

Niedrigen. Die Hungernden beschenkt er mit seinen Gaben und lässt die Reichen leer ausgehen. Er nimmt sich seines Knechtes Israel an und denkt an sein Erbarmen, das er unsern Vätern verheißen hat, Abraham und seinen Nachkommen auf ewig.
Und Maria blieb etwa drei Monate bei ihr; dann kehrte sie nach Hause zurück.

Stille

Impuls

L „Er erbarmt sich von Geschlecht zu Geschlecht über alle, die ihn fürchten." (Lk 1,50)
Der allmächtige Gott ist auch der Barmherzige. Die Verkündigung Jesu lautet: Der Gott, den Israel in seiner langen Geschichte heißen Herzens oft leidvoll suchte, offenbart sich in mir – Jesus Christus – als Retter und Erlöser. Er zeigt seine Macht vor allem in seiner überaus großen Liebe und Barmherzigkeit. Der heilige Papst Johannes Paul II. schreibt in seiner Enzyklika Dives in Misericordia: „Die Kirche lebt ein authentisches Leben, wenn sie das Erbarmen bekennt und verkündet – das am meisten überraschende Attribut des Schöpfers und Erlösers – und wenn sie die Menschen zu den Quellen des Erbarmens

des Heilandes führt, welches sie hütet und aus denen sie austeilt." (Dives in Misericordia, 13)
Die Kirche ist einerseits die Kirche der Heiligen und zugleich die Kirche der Sünder. Sünde bedarf der Vergebung, die uns die Kirche im Auftrag und im Namen Jesu Christi im Bußsakrament zuspricht. Die Adventszeit ist eine Chance, mit Gott wieder ins Reine zu kommen.

Lied
Den Herren will ich loben (GL 395,1-2)

Gebet

V Großer Gott, durch den Engel Gabriel hast du Maria das Wunder mitgeteilt, das du an ihrer Verwandten gewirkt hast. Noch im Alter hat Elisabet einen Sohn empfangen, obwohl sie als unfruchtbar galt.
A Großer Gott, für dich ist nichts unmöglich, wunderbar sind alle deine Werke.
V Großer Gott, Maria hat sich als deine Magd dem mächtigen Wirken deines Geistes überlassen. Ohne zu zögern eilte sie von Nazaret in das Bergland von Judäa.
A Großer Gott, für dich ist nichts unmöglich, wunderbar sind alle deine Werke.
V Großer Gott, beim Gruß Mariens hast du uns ge-

zeigt, dass dein Geist die Menschen in Freude vereint, die du zu einem gemeinsamen Werk bestimmt hast.

A Großer Gott, für dich ist nichts unmöglich, wunderbar sind alle deine Werke.

V Großer Gott, beim Gruß Mariens hast du Johannes im Mutterschoß geheiligt, ihn mit der Gnade eines Propheten ausgestattet und Elisabet mit deinem Geist erfüllt, dass sie voll Freude Maria wegen ihres Glaubens preist.

A Großer Gott, für dich ist nichts unmöglich, wunderbar sind alle deine Werke.

V Großer Gott, sieh gnädig auf uns. In Maria, die sich im Gehorsam auf dein Wort aufmachte und zu ihren Verwandten Elisabet und Zacharias eilte, hast du uns den Erlöser geschenkt. Lass uns tiefer verstehen, was diese Begegnung für uns bedeutet, und gib uns die Kraft, deinen Willen in unserem Leben zu erfüllen.

A Amen.

Lied

Den Herren will ich loben (GL 395,3)

Litanei

V/A Herr, erbarme dich unser.
V/A Christus, erbarme dich unser.

RORATE-ANDACHT

V/A Herr, erbarme dich unser.
V Christus, höre uns.
A Christus, erhöre uns.

V Gott Vater im Himmel, **A** erbarme dich unser.
V Gott Sohn, Erlöser der Welt
Gott Heiliger Geist
Heiliger dreifaltiger Gott
Jesus, du Sohn des Vaters
Jesus, von den Menschen mit Sehnsucht erwartet
Jesus, in Vorbildern angekündigt
Jesus, von den Propheten verheißen
Jesus, du unser Heiland
Jesus, du bist gekommen, das Verlorene zu suchen
Jesus, du bist gekommen, dass alle das Leben haben
Jesus, du wirst wiederkommen mit großer Macht und Herrlichkeit
Jesus, du wirst unseren sterblichen Leib auferwecken und verklären
Jesus, du willst uns das ewige Leben schenken

V Sei uns gnädig,
A verschone uns, o Herr.
V Sei uns gnädig,
A erhöre uns, o Herr.

V Von allem Übel **A** erlöse uns, o Herr.
Vom Unglauben und Irrglauben
Von Trägheit und Gleichgültigkeit
Von den Werken der Finsternis
Vom ewigen Tode
Durch deine Geburt aus Maria, der Jungfrau
Am Tage des Gerichtes

V Wir armen Sünder,
A wir bitten dich, erhöre uns.
Erleuchte die Menschen mit deinem Licht
Führe die Christen zur Einheit unter einem Hirten
Entzünde die abständigen und lauen Christen mit deiner Liebe
Wecke uns auf aus Sünde und Verstrickung
Befreie uns von den Beschwernissen und Sorgen dieser Erde
Schenke uns ein frohes Erwarten deiner Wiederkunft
Schenke uns auf die Fürsprache deiner Mutter Maria eine freudige Einstimmung auf das Fest deiner Geburt
Gewähre uns an Weihnachten die Gabe deines Friedens und lass uns Friedensstifter sein
Lass uns wachsam deine Ankunft im Gericht erhoffen

V Lamm Gottes, du nimmst hinweg die Sünde der Welt.
A Herr, verschone uns.
V Lamm Gottes, du nimmst hinweg die Sünde der Welt.
A Herr, erhöre uns.
V Lamm Gottes, du nimmst hinweg die Sünde der Welt.
A Herr, erbarme dich.
V Lamm Gottes, du bist unser Erlöser und Retter.
A Sei du uns Licht und Heil.
V Lasset uns beten – Lebendiger Gott, komm und errette uns aus der Macht der Finsternis und der Sünde; hilf uns, deinem Sohn mit bereitem Herzen entgegenzugehen, damit er uns wachend findet, wenn er kommt in Herrlichkeit. Darum bitten wir durch Christus, unseren Herrn.
A Amen.

Zum Schlusslied der Rorate-Andacht versammeln sich alle bei einem Marienbild und singen:

Lied
Segne du, Maria (GL 535,1-3)

Bußandacht im Advent als Wort-Gottes-Feier

Lied
Kündet allen in der Not (GL 221,1-3)

V Im Namen des Vaters und des Sohnes und des Heiligen Geistes.
A Amen.

Christusrufe

V Jesus Christus hat in seinen Worten und Taten die heilende und befreiende Liebe Gottes sichtbar gemacht. Er steht vor der Tür unseres Herzens und bittet um Einlass. Zu ihm wollen wir rufen:
Herr Jesus Christus, wir erwarten dich bei deinem Kommen als unseren Heiland und Erlöser. Herr, erbarme dich.
A Herr, erbarme dich.
V Herr Jesus Christus, du bist das Licht auf unserem Weg. Christus, erbarme dich.
A Christus, erbarme dich.
V Herr Jesus Christus, du erschaffst einen neuen Himmel und eine neue Erde. Herr, erbarme dich.

A Herr, erbarme dich.

Lesung: Offb 3,14-22

L Lesung aus der Offenbarung des Johannes.
An den Engel der Gemeinde in Laodizéa schreibe: So spricht Er, der „Amen" heißt, der treue und zuverlässige Zeuge, der Anfang der Schöpfung Gottes: Ich kenne deine Werke. Du bist weder kalt noch heiß. Wärest du doch kalt oder heiß! Weil du aber lau bist, weder heiß noch kalt, will ich dich aus meinem Mund ausspeien. Du behauptest: Ich bin reich und wohlhabend, und nichts fehlt mir. Du weißt aber nicht, dass gerade du elend und erbärmlich bist, arm, blind und nackt. Darum rate ich dir: Kaufe von mir Gold, das im Feuer geläutert ist, damit du reich wirst; und kaufe von mir weiße Kleider, und zieh sie an, damit du nicht nackt dastehst und dich schämen musst; und kaufe Salbe für deine Augen, damit du sehen kannst.

Wen ich liebe, den weise ich zurecht und nehme ihn in Zucht. Mach also Ernst, und kehr um! Ich stehe vor der Tür und klopfe an. Wer meine Stimme hört und die Tür öffnet, bei dem werde ich eintreten, und wir werden Mahl halten, ich mit ihm und er mit mir. Wer siegt, der darf mit mir auf meinem Thron sitzen, so wie auch ich gesiegt habe und mich mit meinem Vater auf seinem Thron gesetzt habe. Wer Ohren hat, der höre, was der Geist den Gemeinden sagt.

Antwortpsalm: Psalm 15

V/A Herr, wer darf Gast sein in deinem Zelt,
wer darf weilen auf deinem heiligen Berg?
(Kv und Psalm gesungen: GL 34,1-2)

V Herr, wer darf Gast sein in deinem Zelt, *
wer darf weilen auf deinem heiligen Berg?
A Der makellos lebt und das Rechte tut; /
der von Herzen die Wahrheit sagt *
und mit seiner Zunge nicht verleumdet;
V der seinem Freund nichts Böses antut *
und seinen Nächsten nicht schmäht;
A der den Verworfenen verachtet, *
doch alle, die den Herrn fürchten, in Ehren hält;
V der sein Versprechen nicht ändert, *
das er seinem Nächsten geschworen hat;
A der sein Geld nicht auf Wucher ausleiht *
und nicht zum Nachteil des Schuldlosen Bestechung annimmt.
V Wer sich danach richtet, *
der wird niemals wanken.
A Ehre sei dem Vater und dem Sohne *
und dem Heiligen Geiste,

V wie im Anfang, so auch jetzt und allezeit *
und in Ewigkeit. Amen.

A+V Herr, wer darf Gast sein in deinem Zelt,
wer darf weilen auf deinem heiligen Berg?

Impuls

L Der Geist Gottes tut sich auch heute kund. Wir brauchen Ohren, die hören, was der Geist Gottes uns zu sagen hat. Gott kennt uns, er weiß um unsere Bedürftigkeit, auch wenn wir meinen, wir seien reich und autonom. Gott will nicht, dass wir uns ihm gegenüber diplomatisch verhalten. Er wünscht von uns eine klare und eindeutige Haltung. Wir sollen Gott mit ganzem Herzen, mit ganzer Seele und mit ganzer Kraft lieben (vgl. Dtn 6,5). Halbe Sachen will er nicht. Darum widert es ihn an, wenn wir weder kalt noch heiß sind. Mit lauen Menschen kann er nichts anfangen.
In unserer Armut kommt der Herr uns zuvor. Darum steht er vor der Tür und klopft an. Er bittet um Einlass, um uns durch seine Gegenwart reich zu beschenken.

Stille

Lied

Bekehre uns, vergib die Sünde (GL 266,1-4)

Schuldbekenntnis und Vergebungsbitte

V Das Wort Gottes hat unser Gewissen erleuchtet. Darum treten wir vor ihn hin und bekennen unsere Schuld.

A Ich bekenne Gott, dem Allmächtigen, und allen Brüdern und Schwestern, dass ich Gutes unterlassen und Böses getan habe – ich habe gesündigt in Gedanken, Worten und Werken – *(alle schlagen sich an die Brust)* durch meine Schuld, durch meine Schuld, durch meine große Schuld. Darum bitte ich die selige Jungfrau Maria, alle Engel und Heiligen und euch, Brüder und Schwestern, für mich zu beten bei Gott, unserem Herrn.

V Der allmächtige Gott erbarme sich unser. Er lasse uns die Sünden nach und führe uns zum ewigen Leben.

A Amen.

Friedenszeichen

V Herr Jesus Christus, du schenkst uns Vergebung und Frieden. Du selber bist unser Friede und unsere Versöhnung, da du die Quelle des Friedens

BUSSANDACHT

bist. Geben wir einander nun ein Zeichen des Friedens und der Versöhnung.

Lied
Im Frieden dein (GL 216/1)

Glaubensbekenntnis

V Wir haben uns einander ein Zeichen des Friedens gegeben. Gemeinsam wollen wir unseren Glauben bekennen. Wir beten das Apostolische Glaubensbekenntnis.

A Ich glaube an Gott, / den Vater, den Allmächtigen, / den Schöpfer des Himmels und der Erde, / und an Jesus Christus, / seinen eingeborenen Sohn, unsern Herrn, / empfangen durch den Heiligen Geist, / geboren von der Jungfrau Maria, / gelitten unter Pontius Pilatus, / gekreuzigt, gestorben und begraben, / hinabgestiegen in das Reich des Todes, / am dritten Tage auferstanden von den Toten, / aufgefahren in den Himmel; / er sitzt zur Rechten Gottes, des allmächtigen Vaters; / von dort wird er kommen, zu richten die Lebenden und die Toten. / Ich glaube an den Heiligen Geist, / die heilige katholische Kirche, / Gemeinschaft der Heiligen, / Vergebung der Sünden, / Auferstehung der Toten / und das ewige Leben. / Amen.

Bittgebet

V Wachse, Jesus, wachse in mir,
in meinem Geist,
in meinem Herzen,
in meiner Vorstellung,
in meinen Sinnen.

A Wachse in mir in deiner Milde,
in deiner Reinheit,
in deiner Demut,
deinem Eifer,
deiner Liebe.

A+V Wachse in mir mit deiner Gnade,
deinem Licht und deinem Frieden.
Wachse in mir
zur Verherrlichung deines Vaters,
zur größeren Ehre Gottes.

Vaterunser

V Zum Abschluss beten wir gemeinsam, das Gebet, das uns Jesus zu beten gelehrt hat!

A Vater unser im Himmel, / geheiligt werde dein Name, / Dein Reich komme. / Dein Wille geschehe, / wie im Himmel so auf Erden. / Unser tägliches Brot gib uns heute. / Und vergib uns unsere Schuld, / wie auch wir vergeben unsern Schuldigern. / Und führe uns nicht in Versuchung, / sondern erlöse uns von dem Bösen. / Denn dein ist das Reich und die Kraft und die Herrlichkeit in Ewigkeit. / Amen.

Segensbitte

V Der Segen des Vaters, die Liebe des Sohnes und die Kraft des Heiligen Geistes, der Schutz der Gottesmutter Maria, der Beistand ihres Bräutigams, des hl. Josef, und aller Heiligen sei mit uns. So segne und behüte uns der Vater, der Sohn und der Heilige Geist.
A Amen.

Lied
Gott, heilger Schöpfer aller Stern (GL 230,1-6)

Andacht zu den O-Antiphonen
Komm, Herr Jesus – Maranatá

Lied
Herr, send herab uns deinen Sohn (GL 222,1)

V Im Namen des Vaters und des Sohnes und des Heiligen Geistes.
A Amen.
V Herr Jesus Christus, du sprichst: Ja, ich komme bald. Darauf können wir nur antworten: Amen. Komm, Herr Jesus! Du bist der mit Sehnsucht erwartete und in diese Welt gekommene Messias. Wir rufen dich in den O-Antiphonen mit Titeln an, die dir als Messias bereits im Alten Bund gegeben wurden.

Man kann in der Zeit vom 17. bis 23. Dezember täglich jeweils den passenden Abschnitt als Kurzandacht beten und mit dem Engel des Herrn abschließen.

O Sapientia – O Weisheit (17. Dezember)

V O Weisheit, hervorgegangen aus Gottes Mund, mächtig wirkst du in aller Welt, und freundlich ordnest du alles. Komm, o Herr, und lehre uns den Weg der Einsicht.

▪ **Psalmgebet:** Psalm 104,24-25.27-30

V/A Komm, o Herr, und lehre uns den Weg der Einsicht.

V Herr, wie zahlreich sind deine Werke! /
Mit Weisheit hast du sie alle gemacht, *
die Erde ist voll von deinen Geschöpfen.

A Da ist das Meer, so groß und weit, *
darin ein Gewimmel ohne Zahl: kleine und große Tiere.

V Sie alle warten auf dich, *
dass du ihnen Speise gibst zur rechten Zeit.

A Gibst du ihnen, dann sammeln sie ein; *
öffnest du deine Hand, werden sie satt an Gutem.

V Verbirgst du dein Gesicht, sind sie verstört; /
nimmst du ihnen den Atem, so schwinden sie hin *
und kehren zurück zum Staub der Erde.

A Sendest du deinen Geist aus, so werden sie alle erschaffen, *
und du erneuerst das Antlitz der Erde.

V Ehre sei dem Vater und dem Sohn *
und dem Heiligen Geiste,

A wie im Anfang, so auch jetzt und allezeit *
und in Ewigkeit. Amen.
A+V Komm, o Herr, und lehre uns den Weg der Einsicht.

Lesung: Weish 7,26-29a

L Lesung aus dem Buch der Weisheit
Die Weisheit ist der Wiederschein des ewigen Lichts, der ungetrübte Spiegel von Gottes Kraft, das Bild seiner Vollkommenheit. Sie ist nur eine und vermag doch alles; ohne sich zu ändern, erneuert sie alles. Von Geschlecht zu Geschlecht tritt sie in heilige Seelen ein und schafft Freunde Gottes und Propheten; denn Gott liebt nur den, der mit der Weisheit zusammenwohnt. Sie ist schöner als die Sonne.

Impuls

V Jesus, du bist unser Lehrer und Meister. Du bist das lebendige Wort des Vaters. Du lehrst uns den Weg der Vollkommenheit und führst uns hin zum Vater.

Lied
Herr, send herab uns deinen Sohn (GL 222,2)

Gebet

V Gott, unser Schöpfer und Erlöser, in Weisheit hast du alles erschaffen. Du wirkst in dieser Welt und ordnest alles. Lehre uns den Weg der Einsicht.

O Adonai – O Herr (18. Dezember)

V O Herr und Fürst des Hauses Israel, du bist dem Mose erschienen in der Flamme des Dornbuschs und gabst ihm das Gesetz am Sinai. Komm, o Herr, und erlöse uns mit starkem Arm.

Psalmgebet: Psalm 145,1-2.8-11.13b.14

V/A Komm, o Herr, und erlöse uns mit starkem Arm.

V Ich will dich rühmen, mein Gott und König, *
und deinen Namen preisen immer und ewig;
A ich will dich preisen Tag für Tag *
und deinen Namen loben immer und ewig.
V Der Herr ist gnädig und barmherzig, *
langmütig und reich an Gnade.
A Der Herr ist gütig zu allen, *
sein Erbarmen waltet über all seinen Werken.

V Danken sollen dir, Herr, all deine Werke *
und deine Frommen dich preisen.

A Sie sollen von der Herrlichkeit deines Königtums reden, *
sollen sprechen von deiner Macht.

V Der Herr ist treu in all seinen Worten, *
voll Huld in all seinen Taten.

A Der Herr stützt alle, die fallen, *
und richtet alle Gebeugten auf.-

V Ehre sei dem Vater und dem Sohn *
und dem Heiligen Geiste,

A wie im Anfang, so auch jetzt und allezeit *
und in Ewigkeit. Amen.

A+V Komm, o Herr, und erlöse uns mit starkem Arm.

Lesung: Dtn 30,10a.11.14

L Lesung aus dem Buch Deuteronomium.
Mose sprach zum Volk: Du sollst auf die Stimme des Herrn, deines Gottes, hören und auf seine Gebote und Gesetze achten. Dieses Gebot, auf das ich dich heute verpflichte, geht nicht über deine Kraft und ist nicht fern von dir. Nein, das Wort ist ganz nah bei dir. Es ist in deinem Mund und in deinem Herzen.

ANDACHT ZU DEN O-ANTIPHONEN

Impuls

V Dem Mose bist du, o Herr und Gott, im brennenden Dornbusch erschienen und hast dich ihm geoffenbart. Du bist nicht der ferne Gott, sondern ein Gott der Menschen, den du durch dein Gesetz führst und lenkst.

Lied
Herr, sende herab uns deinen Sohn (GL 222,3)

Gebet

V Herr, unser Gott, du bist dem Mose im brennenden Dornbusch erschienen und hast ihm Auftrag und Weisung erteilt. Führe und lenke uns, damit wir unseren Auftrag mit voller Hingabe erfüllen.

O Radix Jesse – O Wurzel Jesse (19. Dezember)

V O Wurzel Jesse, gesetzt zum Zeichen für die Völker. Vor dir verstummen die Mächtigen, dich rufen die Völker. Komm, o Herr, und erlöse uns; zögere nicht länger.

Psalmgebet: Psalm 25,4-5.8-10.14

V/A Komm, o Herr, und erlöse uns; zögere nicht länger.

V Zeige mir, Herr, deine Wege, *
lehre mich deine Pfade!
A Führe mich in deiner Treue und lehre mich; /
denn du bist der Gott meines Heiles. *
Auf dich hoffe ich allezeit.
V Gut und gerecht ist der Herr, *
darum weist er die Irrenden auf den rechten Weg.
A Die Demütigen leitet er nach seinem Recht, *
die Gebeugten lehrt er seinen Weg.
V Alle Pfade des Herrn sind Huld und Treue *
denen, die seinen Bund und seine Gebote bewahren.
A Die sind Vertraute des Herrn, die ihn fürchten; *
er weiht sie ein in seinen Bund.
V Ehre sei dem Vater und dem Sohn *
und dem Heiligen Geiste,
A wie im Anfang, so auch jetzt und allezeit *
und in Ewigkeit. Amen.

A+V Komm, o Herr, und erlöse uns; zögere nicht länger.

ANDACHT ZU DEN O-ANTIPHONEN

Lesung: Jes 11,10.12

L Lesung aus dem Buch Jesaja.
An jenem Tag wird es der Sproß aus der Wurzel Isais sein, der dasteht als Zeichen für die Nationen; die Völker suchen ihn auf; sein Wohnsitz ist prächtig. Er stellt für die Völker ein Zeichen auf, um die Versprengten Israels wieder zu sammeln, um die Zerstreuten Judas zusammenzuführen von den vier Enden der Erde.

Impuls

V Die Wurzel trägt den Stamm. Von der Wurzel Jesse geht ein Signal für die Völker aus, das ihnen Heil verspricht. Dieses Signal heißt Hoffnung und Zukunft. Leben ist angesagt.

Lied
Herr, send herab uns deinen Sohn (GL 222,4)

Gebet

V Ewiger Gott, dein Sohn ist Mensch geworden aus der Jungfrau Maria. Am Kreuze erhöht ist er ein Zeichen der Hoffnung, der alle an sich zieht. Lass uns aus dieser Zuversicht leben.

O Clavis David – O Schlüssel Davids
(20. Dezember)

V O Schlüssel Davids und Zepter des Hauses Israel. Du öffnest und niemand schließt, du schließest und niemand öffnet. Komm, o Herr, befreie aus dem Kerker den Gefangenen, der da sitzt in Finsternis und im Schatten des Todes.

Psalmgebet: Psalm 130

V/A Komm, o Herr, befreie aus dem Kerker den Gefangenen, der da sitzt in Finsternis und im Schatten des Todes.

V Aus der Tiefe rufe ich, Herr, zu dir: *
Herr, höre meine Stimme!
A Wende dein Ohr mir zu, *
achte auf mein lautes Flehen!
V Würdest du, Herr, unsere Sünden beachten, *
Herr, wer könnte bestehen?
A Doch bei dir ist Vergebung, *
damit man in Ehrfurcht dir dient.
V Ich hoffe auf den Herrn, es hofft meine Seele, *
ich warte voll Vertrauen auf sein Wort.
A Meine Seele wartet auf den Herrn *
mehr als die Wächter auf den Morgen.

V Mehr als die Wächter auf den Morgen *
soll Israel harren auf den Herrn.
A Denn beim Herrn ist die Huld, *
bei ihm ist die Erlösung in Fülle.
V Ja, er wird Israel erlösen *
von all seinen Sünden.
A Ehre sei dem Vater und dem Sohn *
und dem Heiligen Geiste,
V wie im Anfang, so auch jetzt und allezeit *
und in Ewigkeit. Amen.
A+V Komm, o Herr, befreie aus dem Kerker den Gefangenen, der das sitzt in Finsternis und im Schatten des Todes.

Lesung: Jes 22,22-23; 49,8-9

L Lesung aus dem Buch Jesaja.
Ich lege ihm den Schlüssel des Hauses David auf die Schulter. Wenn er öffnet, kann niemand schließen; wenn er schließt, kann niemand öffnen. Ich schlage ihn an einer festen Stelle als Pflock ein; er wird in seinem Vaterhaus den Ehrenplatz einnehmen.
So spricht der Herr: [...] Ich habe dich geschaffen und dazu bestimmt, [...] den Gefangenen zu sagen: Kommt heraus!, und denen, die in der Finsternis sind: Kommt ans Licht!

Impuls

V Aus der Gefangenschaft der Sünde und des Todes sind wir durch das Sterben Jesu am Kreuz befreit. Das Kreuz ist uns der Schlüssel, der das Tor des Todes öffnen und schließen kann. Alle, die durch dieses Tor hindurch können, gehen auf dem Weg, der zum Leben führt.

Lied
Herr, send herab uns deinen Sohn (GL 222,5)

Gebet

V Allmächtiger Gott, dein Sohn ist Mensch geworden, um uns aus dem Schatten des Todes zu befreien und uns auf den Weg des Lebens zu führen. Wir vertrauen uns deiner sicheren Führung an, um das ewige Heil zu finden.

O Oriens – O Anfang (21. Dezember)

V O Anfang, Glanz des ewigen Lichts, du Sonne der Gerechtigkeit. Komm, o Herr, und leuchte uns, die wir sitzen in Finsternis und im Schatten des Todes.

Canticum: Benedictus (Lk 1,68-79)

V/A Komm, o Herr, und erleuchte uns, die wir sitzen in Finsternis und im Schatten des Todes.
(Benedictus gesungen: GL 617,2 und 623,7)

V Gepriesen sei der Herr, der Gott Israels! *
Denn er hat sein Volk besucht und ihm Erlösung geschaffen:

A er hat uns einen starken Retter erweckt *
im Hause seines Knechtes David.

V So hat er verheißen von alters her *
durch den Mund seiner heiligen Propheten.

A Er hat uns errettet vor unsern Feinden *
und aus der Hand aller, die uns hassen;

V er hat das Erbarmen mit den Vätern an uns vollendet /
und an seinen heiligen Bund gedacht, *
an den Eid, den er unserm Vater Abraham geschworen hat;

A er hat uns geschenkt, dass wir, aus Feindeshand befreit, /
ihm furchtlos dienen in Heiligkeit und Gerechtigkeit *
vor seinem Angesicht all unsre Tage.

V Und du, Kind, wirst Prophet des Höchstens heißen; /

denn du wirst dem Herrn vorangehn *
und ihm den Weg bereiten.

A Du wirst sein Volk mit der Erfahrung des Heils beschenken *
in der Vergebung der Sünden.

V Durch die barmherzige Liebe unseres Gottes *
wird uns besuchen das aufstrahlende Licht aus der Höhe,

A um allen zu leuchten, die in Finsternis sitzen und im Schatten des Todes, *
und unsre Schritte zu lenken auf den Weg des Friedens.

V Ehre sei dem Vater und dem Sohn *
und dem Heiligen Geist.

A Wie im Anfang, so auch jetzt und allezeit *
und in Ewigkeit. Amen.

A+V Komm, o Herr, und erleuchte uns, die wir sitzen in Finsternis und im Schatten des Todes.

Lesung: Jes 42,6-7

L Lesung aus dem Buch Jesaja.
Ich, der Herr, habe dich aus Gerechtigkeit gerufen, ich fasse dich an der Hand. Ich habe dich geschaffen und dazu bestimmt, der Bund für mein Volk und das Licht für die Völker zu sein: blinde Augen zu öffnen, Gefangene aus dem

Kerker zu holen und alle, die im Dunkel sitzen, aus ihrer Haft zu befreien.

Impuls

V Ich habe dich mit Namen gerufen, denn mein bist du. Ich führe dich zum Licht, damit du nicht in der Finsternis leben musst. Ich führe dich aus dem Kerker der Dunkelheit. Meine barmherzige Liebe kennt keine Grenzen. Sie ist offen für alle.

Lied
Herr, send herab uns deinen Sohn (GL 222,6)

Gebet

V Barmherziger Gott, deine Liebe zu uns ist grenzenlos, denn du führst uns aus dem Schatten des Todes in dein wunderbares Licht. Gib, dass wir deiner Liebe nichts vorziehen, sondern auf deinem Weg bleiben.

O Rex gentium – O König der Völker
(22. Dezember)

V O König der Völker, den alle ersehen. Du Eckstein, der das Getrennte eint. Komm, o Herr, und befreie den Menschen, den du aus Erde geschaffen.

■ **Psalmgebet:** Psalm 118,16-17.22-23

V/A Komm, o Herr, und befreie den Menschen, den du aus Erde geschaffen.

V „Die Rechte des Herrn ist erhoben, *
die Rechte des Herrn wirkt mit Macht!"
A Ich werde nicht sterben, sondern leben, *
um die Taten des Herrn zu verkünden.
V Der Stein, den die Bauleute verwarfen, *
er ist zum Eckstein geworden.
A Das hat der Herr vollbracht, *
vor unseren Augen geschah dieses Wunder.
V Ehre sei dem Vater und dem Sohn *
und dem Heiligen Geiste,
A wie im Anfang, so auch jetzt und allezeit *
und in Ewigkeit. Amen.

A+V Komm, o Herr, und befreie den Menschen, den du aus Erde geschaffen.

■ **Lesung:** Dan 7,13-14

L Lesung aus dem Buch Daniel.
Immer noch hatte ich die nächtlichen Visio-

nen: Da kam mit den Wolken des Himmels einer wie ein Menschensohn. Er gelangte bis zu dem Hochbetagten und wurde vor ihn geführt. Ihm wurden Herrschaft, Würde und Königtum gegeben. Alle Völker, Nationen und Sprachen müssen ihm dienen. Seine Herrschaft ist eine ewige, unvergängliche Herrschaft. Sein Reich geht niemals unter.

Impuls

V Gott hat den Menschen nach seinem Ebenbild erschaffen. Er formte ihn aus dem Erdboden und blies in seine Nase den Lebensatem. Gott steht in Treue zum Werk seiner Hände, darum hat er den Menschen erlöst und aus dem Tod der Sünde befreit.

Lied
Herr, send herab uns deinen Sohn (GL 222,7)

Gebet

V Allmächtiger Gott, du hast uns erschaffen und durch deinen Sohn Jesus Christus erlöst. Wir erwarten in dieser Adventszeit sein Kommen in freudiger Sehnsucht. Gib, dass er uns bei seiner Ankunft wachend und betend findet.

O Immanuel – O Gott mit uns (23. Dezember)

V O Immanuel, Gott mit uns. Du König und Lehrer, du Sehnsucht der Völker und ihr Heiland. Komm, o Herr, du erlöse uns, Herr, unser Gott.

Psalmgebet: Psalm 89,2-3.20a.4-5.27.29

V/A Komm, o Herr, und erlöse uns, Herr unser Gott.

V Von den Taten deiner Huld, Herr, will ich ewig singen, *
bis zum fernsten Geschlecht laut deine Treue verkünden.
A Denn ich bekenne: Deine Huld besteht für immer und ewig: *
deine Treue steht fest im Himmel.
V Einst hast du in einer Vision zu deinen Frommen gesprochen: /
„Ich habe einen Bund geschlossen mit meinem Erwählten *
und David, meinem Knecht, geschworen:
A Deinem Haus gebe ich auf ewig Bestand, *
und von Geschlecht zu Geschlecht richte ich deinen Thron auf.
V Er wird zu mir rufen: Mein Vater bist du, *
mein Gott, der Fels meines Heiles.

ANDACHT ZU DEN O-ANTIPHONEN

A Auf ewig werde ich ihm meine Huld bewahren, *
mein Bund mit ihm bleibt allzeit bestehen."

V Ehre sei dem Vater und dem Sohn *
und dem Heiligen Geiste,

A wie im Anfang, so auch jetzt und allezeit *
und Ewigkeit. Amen.

A+V Komm, o Herr, und erlöse uns, Herr, unser Gott.

■ **Lesung:** Jes 8,8-10; 9,1a.5a.6a

L Lesung aus dem Buch Jesaja.
Die Ausläufer seiner Fluten bedecken weit und breit dein Land, Immanuel. Tobt, ihr Völker! Ihr werdet doch zerschmettert. Horcht auf, ihr Enden der Erde! Rüstet nur! Ihr werdet doch zerschmettert. Macht nur Pläne! Sie werden vereitelt. Denn „Gott ist mit uns". Das Volk, das im Dunkel lebt, sieht ein helles Licht. Denn uns ist ein Kind geboren, ein Sohn ist uns geschenkt. Seine Herrschaft ist groß und der Friede hat kein Ende.

■ **Impuls**

V Im brennenden Dornbusch hat sich Gott dem Mose als ein Gott mit uns offenbart. Er hat sein Volk Israel vierzig Jahre durch die Wüste geführt und nie verlassen. In Treue und Liebe steht er auch zu uns, die wir die Ankunft seines Sohnes in dieser Zeit des Advents erwarten.

Lied
Herr, send herab uns deinen Sohn (GL 222,8)

Gebet

V Liebender Gott, du bist unser König und Lehrer. Du erfüllst die Sehnsucht der Menschen durch das Kommen deines Sohnes. Lass uns Christus mit frohem Herzen und wachem Sinn entgegengehen, damit wir teilhaben an seiner ewigen Herrlichkeit.

Segensbitte

V Der Herr segne uns, er bewahre uns vor Unheil und Verderben und führe uns zum ewigen Leben. So segne uns der Vater, der Sohn und der Heilige Geist.
A Amen.

Lied
Herr, send herab uns deinen Sohn (GL 222,9)

Ehre sei Gott in der Höhe

▪ Lied
Hört, es singt und klingt mit Schalle
(GL 240,1-3)

V Im Namen des Vaters und des Sohnes und des Heiligen Geistes.
A Amen.

▪ Lobpreis

V/A Ehre sei Gott in der Höhe und Friede auf Erden den Menschen seiner Gnade.
V Gott wird Mensch. Das Unbegreifliche geschieht, für uns unfassbar. Er wird einer von uns, lässt sich erfahren und begreifen. Himmel und Erde berühren sich.
A Ehre sei Gott in der Höhe …
V Gott neigt sich den Menschen zu, er wird ganz konkret. Das Kind in der Krippe ist das fleischgewordene Wort, Ausdruck der Liebe Gottes.
A Ehre sei Gott in der Höhe …
V Gott macht sich klein der unendlich Große nimmt die hinfällige Gestalt des Menschen an, um uns groß zu machen. Die Hände, die das göttliche Kind uns entgegenstreckt, sind Gottes

helfende Hände.
A Ehre sei Gott in der Höhe …
V Gott verschenkt sich. Er macht uns dadurch unendlich reich. Er zeigt sich als der „Ich bin für euch da!" In ihm haben wir sicheren Halt, bei ihm sind wir geborgen, von ihm sind wir geliebt.
A Ehre sei Gott in der Höhe …

Lied
Hört, es singt und klingt mit Schalle (GL 240,4)

Lesung: Jes 9,1-6

L Lesung aus dem Buch Jesája.
Das Volk, das im Dunkeln lebt, sieht ein helles Licht; über denen, die im Land der Finsternis wohnen, strahlt ein Licht auf. Du erregst lauten Jubel und schenkst große Freude. Man freut sich in deiner Nähe, wie man sich freut bei der Ernte, wie man jubelt, wenn Beute verteilt wird. Denn wie am Tag von Midian zerbrichst du das drückende Joch, das Tragholz auf unserer Schulter und den Stock des Treibers. Jeder Stiefel, der dröhnend daherstampft, jeder Mantel, der mit Blut befleckt ist, wird verbrannt, wird ein Fraß des Feuers.
Denn uns ist ein Kind geboren, ein Sohn ist uns geschenkt. Die Herrschaft liegt auf seiner

Schulter: man nennt ihn: Wunderbarer Ratgeber, Starker Gott, Vater in Ewigkeit, Fürst des Friedens. Seine Herrschaft ist groß, und der Friede hat kein Ende.

■ **Psalmgebet:** Psalm 46

V/A Der Herr der Scharen steht uns bei,
der Gott Jakobs ist unsere Burg.
(Kv und Psalm gesungen: GL 653,5-6)

V Gott ist uns Zuflucht und Stärke, *
ein bewährter Helfer in allen Nöten.

A Darum fürchten wir uns nicht, wenn die Erde auch wankt, *
wenn Berge stürzen in die Tiefe des Meeres.

V wenn seine Wasserwogen tosen und schäumen *
und vor seinem Ungestüm die Berge erzittern.

A Der Herr der Heerscharen ist mit uns, *
der Gott Jakobs ist unsre Burg.

V Die Wasser eines Stromes erquicken die Gottesstadt, *
des Höchsten heilige Wohnung.

A Gott ist in ihrer Mitte, darum wird sie niemals wanken; *
Gott hilft ihr, wenn der Morgen anbricht.

V Völker toben, Reiche wanken, *
es dröhnt sein Donner, da zerschmilzt die Erde.

A Der Herr der Heerscharen ist mit uns, *
der Gott Jakobs ist unsre Burg.

V Kommt und schaut die Taten des Herrn, *
der Furchtbares vollbringt auf der Erde.

A Er setzt den Kriegen ein Ende *
bis an die Grenzen der Erde;

V er zerbricht die Bogen, zerschlägt die Lanzen, *
im Feuer verbrennt er die Schilde.

A „Lasst ab und erkennt, dass ich Gott bin, *
erhaben über die Völker, erhaben auf Erden."

V Der Herr der Heerscharen ist mit uns, *
der Gott Jakobs ist unsre Burg.

A Ehre sei dem Vater und dem Sohn *
und dem Heiligen Geist

V Wie im Anfang, so auch jetzt und allezeit *
und in Ewigkeit. Amen.

A+V Der Herr der Scharen steht uns bei,
der Gott Jakobs ist unsre Burg.

Impuls

L Aus einer Predigt Bernhards von Clairvaux († 1153) am Fest Erscheinung des Herrn: Als die Fülle der Zeit kam, erschien auch die Fülle der Gottheit.

„Erschienen ist die Güte und Menschenliebe Gottes, unseres Retters." Dank sei Gott, dass wir auf dieser Pilgerschaft, in dieser Verbannung, in diesem Elend so reichen Trost haben! Bevor die Menschenliebe (Gottes) erschien, war die Güte verborgen. Sie war ja schon immer da, wie auch die Barmherzigkeit Gottes in Ewigkeit ist. Aber woran hätte man ihre Größe erkennen können? Sie war verheißen, aber nicht erfahren; darum glaubten viele nicht an sie. „Viele Male und auf vielerlei Weise hat Gott einst ... durch die Propheten gesprochen", indem er sagte: „Das sind die Pläne, die ich für euch hege, Pläne des Heils und nicht des Unheils". Aber was erwiderte der Mensch, da er das Unheil erlebte, das Heil aber nicht kannte? Wie lange noch sagt ihr: „Frieden! Frieden!", aber es ist kein Friede? Darum „weinten die Engel des Friedens bitter" und riefen: „Wer hat unserer Kunde geglaubt?" Aber jetzt mögen die Menschen wenigstens dem glauben, was sie sehen; denn „die Zeugnisse Gottes sind fest und verlässlich". Auch dem getrübten Auge soll es nicht verborgen bleiben. Siehe da! Friede ist nicht nur verheißen, sondern auch verwirklicht; nicht aufgeschoben, sondern mitgeteilt; nicht bloß vorhergesagt, sondern gegenwärtig: Denn als die Fülle der Zeit kam, erschien auch die Fülle der Gottheit. Sie kam im Fleisch; denn so sollte sie den irdischen Menschen gezeigt werden, und es sollte beim Er-

scheinen der Menschenliebe die Güte erkannt werden. Wo sich nämlich die Menschenliebe Gottes zu erkennen gibt, kann die Güte nicht verborgen bleiben.
Wie hätte er sie auch eindrucksvoller zeigen können als dadurch, dass er mein Fleisch annahm? Wo gibt es noch einmal so viel Liebe? „Was ist der Mensch, dass du an ihn denkst" „und, dass du deinen Sinn auf ihn richtest"? Hier soll der Mensch begreifen lernen, wie sehr sich Gott um ihn sorgt; hier soll er erfahren, was Gott von ihm denkt und was er fühlt. O Mensch, du sollst nicht danach fragen, was du leidest, sondern was er gelitten hat. An dem, was er für dich getan hat, erkenne, wie viel du ihm wert bist. Dann wird seine Güte dir aus seiner Menschliebe entgegenleuchten. Je tiefer er sich in seinem Menschsein erniedrigt, umso größer erwies er sich in seiner Güte. Je armseliger er für mich geworden ist, desto lieber ist er mir. „Erschienen ist die Güte und Menschliebe Gottes, unseres Retters."

Lied
Menschen, die ihr wart verloren (GL 245,1-2)

Fürbitten

V Wir wollen beten zu Gott, dem Quell unserer Freude, dem Ehre und Anbetung gebührt.
A Ehre sei Gott in der Höhe.
V Die Botschaft der Engel ist „Friede auf Erden!" Lass diese Worte nicht ungehört verhallen und segne alle Bemühungen um den Frieden.
A Ehre sei Gott in der Höhe.
V Die Botschaft der Engel ist auch „Ehre sei Gott in der Höhe!" Lass uns dich in rechter Weise verehren und so am Aufbau deines Reiches mitwirken.
A Ehre sei Gott in der Höhe.
V In diesen Tagen der Freude sind viele Menschen einsam und bedrückt. Lass uns den Mitmenschen aufmerksam begegnen, damit sie deine Liebe spüren können.
A Ehre sei Gott in der Höhe.
V Der Freude über das Leben steht vielfach die Trauer um einen lieben Menschen gegenüber. Schenke den Verstorbenen das ewige Leben und lass die Trauernden deine tröstende Nähe erfahren.
A Ehre sei Gott in der Höhe.
V Du menschenfreundlicher Gott stehst in Treue zu uns. Höre unser Rufen und nimm unser Beten an und schenke unserem Herzen deinen Frieden.

A Ehre sei Gott in der Höhe.

Vaterunser

V Wir dürfen beten wie Jesus Christus es uns gelehrt hat:
A Vater unser im Himmel, / geheiligt werde dein Name, / Dein Reich komme. / Dein Wille geschehe, / wie im Himmel so auf Erden. / Unser tägliches Brot gib uns heute. / Und vergib uns unsere Schuld, / wie auch wir vergeben unsern Schuldigern. / Und führe uns nicht in Versuchung, / sondern erlöse uns von dem Bösen. / Denn dein ist das Reich und die Kraft und die Herrlichkeit in Ewigkeit. / Amen.

Schlussgebet

V Ewiger Gott, du hast den Menschen nach deinem Bild erschaffen. Auch dein Sohn ist Mensch geworden aus Maria, der Jungfrau. Er ist der Welt als Licht erschienen. Lass dieses Licht in unseren Herzen aufstrahlen, damit sich unser Leben von Tag zu Tag erneuert. Darum bitten wir durch Christus unseren Herrn.
A Amen.

EHRE SEI GOTT IN DER HÖHE

Segensbitte

V Der barmherzige Gott hat durch die Geburt seines Sohnes die Finsternis dieser Welt erleuchtet, er erfülle unsere Herzen mit dem Licht seiner Liebe.
A Amen.
V Die den Hirten verkündete große Freude sei in uns und mache uns zu Zeugen seiner Gnade, aus uns strahle das Licht des Friedens Christi.
A Amen.
V In der Geburt Jesu begegnen wir Gott als dem Urheber unseres Heiles, er vereine uns im Jubel mit seiner himmlischen Kirche.
A Amen.
V Dazu segne uns der allmächtige Gott, der Vater der Sohn und der Heilige Geist.
A Amen.

Lied
Menschen, die ihr wart verloren (GL 245,3-4)

Christ, erkenne deine Würde

Lied
Lobt Gott, ihr Christen alle gleich (GL 247,1-3)

V Im Namen des Vaters und des Sohnes und des Heiligen Geistes.
A Amen.

Te Deum

V Dich, Gott, loben wir, dich, Herr, preisen wir.
A Dir, dem ewigen Vater, huldigt das Erdenrund.
V Dir rufen die Engel alle, dir Himmel und Mächte insgesamt,
A die Kerubim dir und die Serafim, mit niemals endender Stimme zu:
V Heilig, heilig, heilig ist der Herr, der Gott der Scharen!
A Voll sind Himmel und Erde von deiner hohen Herrlichkeit.
V Dich preist der glorreiche Chor der Apostel,
A dich der Propheten lobwürdige Zahl,
V dich der Märtyrer weißgewandetes Heer.
A Dich preist über das Erdenrund die heilige Kirche,
V dich, den Vater unermessbarer Majestät,

CHRIST, ERKENNE DEINE WÜRDE

A deinen verehrungswürdigen, wahren und einzigen Sohn
V und den Heiligen auch, den Fürsprecher Geist.
A Du König aller Herrlichkeit, Christus,
V du bist des Vaters allewiger Sohn.
A Du hast der Jungfrau Schoß nicht verschmäht, bist Mensch geworden, den Menschen zu befreien.
V Du hast bezwungen des Todes Stachel und denen, die glauben, die Reiche der Himmel aufgetan.
A Du sitzest zur Rechten Gottes in deines Vaters Herrlichkeit.
V Als Richter, so glauben wir, kehrst du einst wieder.
A Dich bitten wir denn, komme deinen Dienern zur Hilfe, die du erlöst mit kostbarem Blut.
V In der ewigen Herrlichkeit zähle uns deinen Heiligen zu.
A Rette dein Volk, o Herr, und segne dein Erbe,
V und führe sie und erhebe sie bis in die Ewigkeit.
A An jedem Tag benedeien wir dich
V und loben in Ewigkeit deinen Namen bis hinein in die Ewigkeiten der Ewigkeit.
A In Hulden wollest du, Herr, an diesem Tag uns ohne Schuld bewahren.
V Erbarme dich unser, o Herr, erbarme dich unser.
A Lass dein Erbarmen über uns geschehen, wie wir gehofft auf dich.

V Auf dich, o Herr, habe ich meine Hoffnung gesetzt. In Ewigkeit werde ich nicht zuschanden.
A Amen.

Lesung: Tit 3,4-7

L Lesung aus dem Titusbrief.
Als aber die Güte und Menschliebe Gottes, unseres Retters, erschien, hat er uns gerettet – nicht weil wir Werke vollbracht hätten, die uns gerecht machen können, sondern aufgrund seines Erbarmens – durch das Bad der Wiedergeburt und der Erneuerung im Heiligen Geist. Ihn hat er in reichem Maß über uns ausgegossen durch Jesus Christus, unseren Retter, damit wir durch seine Gnade gerecht gemacht werden und das ewige Leben erben, das wir erhoffen.

Stille

Lied
Lobt Gott, ihr Christen alle gleich (GL 247,4)

Impuls

L Zum Geburtstag des Lebens – Aus einer Weihnachtspredigt von Papst Leo dem Großen († 461): Lasst uns froh sein: Heute ist unser Retter geboren, Traurigkeit hat keinen Raum am Geburtstag des Lebens, das uns die Angst vor dem Sterben genommen hat und uns die Freude über die verheißene Ewigkeit bringt. Niemand wird von der Fröhlichkeit ausgeschlossen, alle haben den einen Grund zur Freude gemeinsam: Denn unser Herr, der Sünde und Tod vernichtet hat, fand keinen, der von Schuld frei war. Deshalb kam er, um alle zu befreien. Der Heilige jubele, weil ihm die Siegespalme winkt. Der Sünder freue sich, weil er zur Versöhnung eingeladen ist. Der Heide atmet auf; denn er ist zum Leben gerufen. Die Fülle der Zeit ist gekommen, die Gottes unerforschlicher Ratschluss festgesetzt hat: Der Sohn Gottes hat die Natur des Menschengeschlechts angenommen, um sie mit dem Schöpfer zu versöhnen und den Urheber des Todes, den Teufel, durch eben jene Natur zu besiegen, durch die er einst selbst gesiegt hat. Die jubelnden Engel singen bei der Geburt des Herrn: „Ehre sei Gott in der Höhe!", und auf Erden wird den Menschen seiner Gnade Friede verkündet. Denn die Engel sehen, wie aus allen Völkern der Erde das himmlische Jerusalem erbaut wird. Wie sehr muss sich der geringe Mensch über dieses Werk der unsagbaren Güte Gottes freuen, wenn schon die erhabenen Engel vor Freude jubeln. Lasst uns also Gott dem Vater danken durch seinen Sohn im Heiligen Geist, dass er uns in seiner übergroßen Huld geliebt, und sich unser erbarmt hat ...

Christ, erkenne deine Würde! Du bist der göttlichen Natur teilhaftig geworden, kehre nicht zu der alten Erbärmlichkeit zurück und lebe nicht unter deiner Würde. Denke an das Haupt und den Leib, dem du als Glied angehörst! Bedenke, dass du der Macht der Finsternis entrissen und in das Licht und das Reich Gottes aufgenommen bist. Durch das Sakrament der Taufe wurdest du ein Tempel des Heiligen Geistes. Verjage nicht durch deine Sünden den hohen Gast, der in dir Wohnung genommen hat. Unterwirf dich nicht wieder der Knechtschaft Satans; denn der Preis für deine Freiheit ist das Blut Christi.

■ **Psalmgebet:** Psalm 96

V/A Der Himmel freue sich, die Erde frohlocke, denn der Herr ist uns geboren, Halleluja.
(Kv und Psalm gesungen: GL 635,6.8)

V Singt dem Herrn ein neues Lied, *
singt dem Herrn, alle Länder der Erde!

A Singt dem Herrn und preist seinen Namen, *
verkündet sein Heil von Tag zu Tag!

CHRIST, ERKENNE DEINE WÜRDE 85

V Erzählt bei den Völkern von seiner Herrlichkeit, *
bei allen Nationen von seinen Wunden!
A Denn groß ist der Herr und hoch zu preisen, *
mehr zu fürchten als alle Götter.
V Alle Götter der Heiden sind nichtig, *
der Herr aber hat den Himmel geschaffen.
A Hoheit und Pracht sind vor seinem Angesicht, *
Macht und Glanz in seinem Heiligtum.
V Bringt dar dem Herrn, ihr Stämme der Völker, *
bringt dar dem Herrn Lob und Ehre!
A Bringt dar dem Herrn die Ehre seines Namens, *
spendet Opfergaben und tretet ein in sein Heiligtum!
V In heiligem Schmuck werft euch nieder von dem Herrn, *
erhebt vor ihm, alle Länder der Erde!
A Verkündet bei den Völkern: *
Der Herr ist König.
V Den Erdkreis hat er gegründet, sodass er nicht wankt. *
Er richtet die Nationen so, wie es recht ist.
A Der Himmel freue sich, die Erde frohlocke, *
es brause das Meer und alles, was es erfüllt.
V Es jauchze die Flur und was auf ihr wächst. *
Jubeln sollen alle Bäume des Waldes
A vor dem Herrn, wenn er kommt, *
wenn er kommt, um die Erde zu richten.

V Er richtet den Erdkreis gerecht *
und die Nationen nach seiner Treue.
A Ehre sei dem Vater und dem Sohn *
und dem Heiligen Geiste.
V Wie im Anfang, so auch jetzt und allezeit *
und in Ewigkeit. Amen.

A+V Der Himmel freue sich, die Erde frohlocke,
denn der Herr ist uns geboren. Halleluja.

Lied
Menschen, die ihr wart verloren (GL 245,1-2)

Fürbitten

V Wir beten zu Gott, der sich durch die Geburt seines Sohnes für immer auf die Seite der Menschen gestellt hat:
Für alle Menschen, mit denen wir verbunden sind und an die wir heute besonders denken: Schenke ihnen deinen Frieden.
A Wir bitten dich, erhöre uns.
V Für alle Einsamen und Verlassenen, denen es gerade Weihnachten schwer ums Herz ist: Schenke ihnen deinen Frieden.
A Wir bitten dich, erhöre uns.
V Für alle von Katastrophen und Krankheit Heimgesuchten: Schenke ihnen deinen Frieden.

A Wir bitten dich, erhöre uns.
V Für uns selbst, die wir das Fest der Geburt Jesu feiern: Schenke uns und allen Menschen deinen Frieden.
A Wir bitten dich, erhöre uns.

Vaterunser

V Zu unserem himmlischen Vater, der uns seinen Sohn als unseren Bruder und Herrn gesandt hat, beten wir gemeinsam:
A Vater unser im Himmel, / geheiligt werde dein Name, / Dein Reich komme. / Dein Wille geschehe, / wie im Himmel so auf Erden. / Unser tägliches Brot gib uns heute. / Und vergib uns unsere Schuld, / wie auch wir vergeben unsern Schuldigern. / Und führe uns nicht in Versuchung, / sondern erlöse uns von dem Bösen. / Denn dein ist das Reich und die Kraft und die Herrlichkeit in Ewigkeit. / Amen.

Schlussgebet

V Herr, unser Gott, die Menschwerdung deines Sohnes erfülle uns mit Freude und Dank. Lass uns dieses unergründliche Geheimnis im Glauben erfassen und in tätiger Liebe bekennen. Darum bitten wir durch Christus, unseren Herrn.

A Amen.

Lied
Menschen, die ihr wart verloren (GL 245,3-4)

Segensbitte

V Der barmherzige Gott hat durch die Geburt seines Sohnes die Finsternis vertrieben und diesen Tag erleuchtet mit dem Glanz seines Lichtes; er mache unsere Herzen hell mit dem Licht seiner Gnade.
A Amen.
V Den Hirten ließ er durch die Engel große Freude verkünden; mit dieser Freude erfülle er unser ganzes Leben.
A Amen.
V In Christus hat Gott Himmel und Erde verbunden; durch ihn schenke er allen Menschen guten Willens seinen Frieden, durch ihn vereine er uns mit der Kirche des Himmels.
A Amen.
V Das gewähre uns der dreieinige Gott, der Vater und der Sohn und der Heilige Geist.
A Amen.

Lied
O du fröhliche, o du selige (GL 238,1-3)

Andacht zum Jahresschluss

Jesus Christus ist derselbe gestern, heute und in Ewigkeit

Lied
Der du die Zeit in Händen hast (GL 257,1-3)

V Im Namen des Vaters und des Sohnes und des Heiligen Geistes.
A Amen.

Kyrielitanei

V Herr Jesus, dein ist die Zeit und die Ewigkeit. Kyrie eleison.
A Kyrie eleison.
V Herr Jesus, dein ist die Macht und die Herrlichkeit. Kyrie eleison.
A Kyrie eleison.
V Herr Jesus, du wirst wiederkommen am Ende der Zeiten. Christe eleison.
A Christe eleison.
V Herr Jesus, du richtest die Lebenden und die Toten. Christe eleison.
A Christe eleison.

V Herr Jesus, dein Kreuz ist unsere Rettung. Kyrie eleison.
A Kyrie eleison.
V Herr Jesus, du bist unser Fürsprecher beim Vater. Kyrie eleison.
A Kyrie eleison.

V Wir blicken zurück und nach vorn. Wir deuten unsere Erfahrungen vor dem Hintergrund der Vergangenheit und hoffen auf eine Zukunft, die wir nicht kennen. Hier mahnt uns die Botschaft Jesu, den Augenblick ernst zu nehmen und die Zeichen der Zeit zu deuten:
An dieser Stelle bietet es sich an, einen kurzen Bericht zu geben wie zum Beispiel:
– Berichte zum Jahresgeschehen (evtl. von Mitgliedern des Pfarrgemeinderats)
– kurzer Bericht über die Geschehnisse in Kirche und Welt
– kurzer Bericht über die Pfarrgemeinde (Anzahl der Gläubigen, Taufen, Erstkommunionkinder, Firmlinge, Trauungen, Todesfälle, Kirchenaustritte und Neuaufnahmen, wichtige Kollekten, Teilnahme am Gemeindeleben, besondere Veränderungen oder Ereignisse)

Lied
Der du die Zeit in Händen hast (GL 257,4-6)

Gebet

V Lasset uns beten. – Ewiger Gott und Vater, du stehst am Anfang und am Ende aller Zeiten. Wir bitten dich am letzten Tag dieses Jahres: Lass uns immer zu deinem Sohn Jesus Christus gehören, in dessen Geburt alles Heil der Menschheit begründet ist, und der in Einheit des Heiligen Geistes mit dir lebt und herrscht in Ewigkeit.

A Amen.

Lesung: Hebr 13,7-8.15-16

L Lesung aus dem Hebräerbrief.
Denkt an eure Vorsteher, die euch das Wort Gottes verkündet haben; schaut auf das Ende ihres Lebens und ahmt ihren Glauben nach! Jesus Christus ist derselbe gestern, heute und in Ewigkeit. Durch ihn also lasst uns Gott allezeit das Opfer des Lobes darbringen, nämlich die Frucht der Lippen, die seinen Namen preisen. Vergesst nicht, Gutes zu tun und mit anderen zu teilen; denn an solchen Opfern hat Gott Gefallen.

Impuls

L Jesus Christus ist derselbe gestern, heute und in Ewigkeit! (Hebr 13,8)

Wir Christen haben ein anderes Verhältnis zur Zukunft. Mögen die Menschen auf noch nie dagewesene Katastrophen warten, die Christen erwarten den, den sie schon kennen, Jesus Christus. Er ist der Dagewesene und der Kommende. Wir erwarten Jesus Christus nicht nur am Ende der Tage, sondern wir glauben an seine Zusage: „Ich bin bei euch alle Tage bis zum Ende der Welt" (Mt 28,20).

Er tritt in unser Leben ein in der Kraft seines Heiligen Geistes. Dieser ist unaufhörlich am Werk. Ohne ihn ist Gott fern. Denn Gott hat sich für unsere Welt entschieden in der Menschwerdung seines Sohnes. Darum können wir mit Vertrauen in ein neues Jahr gehen. In der Osternacht spricht der Zelebrant bei der Weihe der Osterkerze: „Christus, gestern und heute. Anfang und Ende. Alpha und Omega. Sein ist die Zeit und die Ewigkeit. Sein ist die Macht und die Herrlichkeit in alle Ewigkeit. Amen."

Stille

Psalmgebet: Psalm 90

V/A Unsere Tage zu zählen, lehre uns!
Dann gewinnen wir ein weises Herz.
(Kv und Psalm gesungen: GL 50,1-2)

JAHRESSCHLUSS

V Herr, du warst unsere Zuflucht *
von Geschlecht zu Geschlecht.

A Ehe die Berge geboren wurden, die Erde entstand und das Weltall, *
bist du, o Gott, von Ewigkeit zu Ewigkeit.

V Du lässt die Menschen zurückkehren zum Staub *
und sprichst: „Kommt wieder, ihr Menschen!"

A Denn tausend Jahre sind für dich wie der Tag, der gestern vergangen ist, *
wie eine Wache in der Nacht.

V Von Jahr zu Jahr säst du die Menschen aus; *
sie gleichen dem sprossenden Gras.

A Am Morgen grünt es und blüht, *
am Abend wird es geschnitten und welkt.

V Denn wir vergehen durch deinen Zorn, *
werden vernichtet durch deinem Grimm.

A Du hast unsre Sünden vor dich hingestellt, *
unsere geheime Schuld in das Licht deines Angesichts.

V Denn all unsre Tage gehn hin unter deinem Zorn, *
wir beenden unsere Jahre wie einen Seufzer.

A Unser Leben währt siebzig Jahre, *
und wenn es hoch kommt, sind es achtzig.

V Das Beste daran ist nur Mühsal und Beschwer, *
rasch geht es vorbei, wir fliegen dahin.

A Wer kennt die Gewalt deines Zornes, *
und fürchtet sich vor deinem Grimm?

V	Unsre Tage zu zählen, lehre uns! * Dann gewinnen wir ein weises Herz.
A	Herr, wende dich uns doch endlich zu! * Hab Mitleid mit deinem Knechten!
V	Sättige uns am Morgen mit deiner Huld! * Dann wollen wir jubeln und uns freuen all unsre Tage.
A	Erfreue uns so viele Tage, wie du uns gebeugt hast, * so viele Jahre, wie wir Unglück erlitten.
V	Zeig deinen Knechten deine Taten * und ihren Kindern deine erhabene Macht!
A	Es komme über uns die Güte des Herrn, unsres Gottes! / Lass das Werk unsrer Hände gedeihen, * ja, lass gedeihen das Werk unsrer Hände!
V	Ehre sei dem Vater und dem Sohn * und dem Heiligen Geist,
A	wie im Anfang, so auch jetzt und allezeit * und in Ewigkeit. Amen.
A+V	Unsere Tage zu zählen, lehre uns! Dann gewinnen wir ein weises Herz.

■ **Kanon**
Gottes Wort ist wie Licht in der Nacht (GL 450)

Lobpreis und Fürbitte

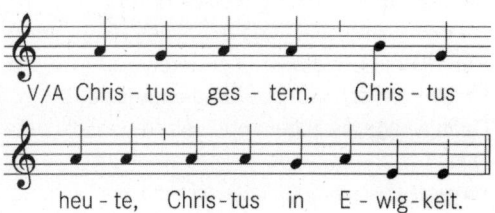

V/A Christus gestern, Christus heute, Christus in Ewigkeit.

V/A Erhöre uns, Christus!
V Der heiligen Kirche Gottes Heil und Leben.
   Du Heiland der Welt,
A stärke und schütze sie.
V Heilige Maria,
A bitte für uns.
V Heiliger Josef,
A bitte für uns.
V Alle Heiligen Gottes,
A bittet für uns.

V/A Erhöre uns, Christus!
V Dem heiligen Vater Papst N. Heil und Leben.
   Du Heiland der Welt,
A stärke und schütze ihn.
V Heiliger Petrus,
A bitte für ihn.
V Heiliger Gregor,
A bitte für ihn.

V Ihr heiligen Päpste,
A bittet für ihn.

V/A Erhöre uns, Christus!
V Unserem Bischof N. Heil und Leben.
   Du Heiland der Welt,
A stärke und schütze ihn.
V Heiliger Paulus,
A bitte für ihn.
V Ihr heiligen Apostel,
A bittet für ihn.
V Ihr heiligen Bischöfe,
A bittet für ihn.

V/A Erhöre uns, Christus!
V Den Völkern der Erde Heil und Leben.
   Du Heiland der Welt,
A stärke und schütze sie.
V Heiliger Thomas Morus,
A bitte für uns.
V Heiliger Klaus von Flüe,
A bitte für uns.
V Ihr heiligen Führer der Völker,
A bittet für uns.

V/A Erhöre uns, Christus!
V Der verfolgten Kirche Heil und Leben.
   Du Heiland der Welt,

A	stärke und schütze sie.
V	Heiliger Stephanus,
A	bitte für sie.
V	Heiliger Laurentius,
A	bitte für sie.
V	Ihr heiligen Märtyrer,
A	bittet für sie.

V/A	Erhöre uns, Christus!
V	Den Hungernden und Kranken Heil und Leben. Du Heiland der Welt,
A	stärke und schütze sie.
V	Heilige Elisabeth,
A	bitte für sie.
V	Heiliger Vinzenz,
A	bitte für sie.
V	Ihr Freunde der Armen und Kranken,
A	bittet für sie.

V	Ihm allein sei die Herrschaft, Macht und Gewalt
A	jetzt und in Ewigkeit.
V	Dem König der Völker sei Ehre und Ruhm
A	jetzt und in Ewigkeit.
V	Sein Friede komme über uns: es komme sein Reich
A	jetzt und in Ewigkeit.

Lied
Nun danket all und bringet Ehr (GL 403,1-5)

Dankgebet

V Lass uns nun Gott, unseren Vater, danken für alles, was wir im vergangenen Jahr aus seiner Hand empfangen haben und was uns in unserem Leben weitergeholfen hat.
Heiliger Vater, allherrschender Gott! Ein Jahr ist vorüber. Es hat uns manche schwere Stunde und manche Sorge gebracht; aber wir durften auch viel Freude und Gutes erfahren. – In allem warst du bei uns. Du hast uns dein Wort gegeben und die Kraft, aus deinem Wort zu leben. Dafür danken wir dir.

A Wir danken dir, o Herr.

V Die Vielfalt der Meinungen, überspitzte Kritik und offene Angriffe gegen die Kirche haben mitunter unseren Glauben bedroht und erschüttert. – Du hast uns deinen Geist gegeben und uns in der Gemeinschaft mit den Brüdern und Schwestern im Glauben gestärkt. Dafür danken wir dir.

A Wir danken dir, o Herr.

V Oft sind wir zusammengekommen zur Feier des Todes und der Auferstehung Jesu, zum gemeinsamen Mahl mit Christus und den Brüdern und

Schwestern. Du warst in unsrer Mitte und hast in uns die Bereitschaft zum Dienst am Nächsten erneuert. Dafür danken wir dir.

A Wir danken dir, o Herr.
V Du hast uns mit Menschen zusammengeführt, die uns auf unsrem Lebensweg geholfen haben und denen wir helfen durften: in der Familie, in der Gemeinde und im Beruf. Dafür danken wir dir.
A Wir danken dir, o Herr.
V Du hast uns Gesundheit des Leibes und des Geistes geschenkt. In den Ferien, im Urlaub und in der Freizeit konnten wir uns von den Sorgen und Mühen des Alltags erholten. Dafür danken wir dir.
A Wir danken dir, o Herr.

Lied
Großer Gott, wir loben dich (GL 380,1-11)

Vaterunser

A Vater unser im Himmel, / geheiligt werde dein Name, / Dein Reich komme. / Dein Wille geschehe, / wie im Himmel so auf Erden. / Unser tägliches Brot gib uns heute. / Und vergib uns unsere Schuld, / wie auch wir vergeben unsern Schuldigern. / Und führe uns nicht in Versuchung, / sondern erlöse uns von dem Bösen. / Denn dein ist das Reich und die Kraft und die Herrlichkeit in Ewigkeit. / Amen.

Schlussgebet

V Barmherziger Gott, in jeder Not bist du unsere Hilfe. (Du hast uns im vergangen Jahr auf unseren Wegen geleitet.) Bleibe bei uns mit deinem Schutz. Gib uns, was wir für diese vergängliche Leben brauchen, und führe uns zur ewigen Vollendung bei dir. Darum bitten wir durch Christus, unseren Herrn.

Segensbitte

V Der Herr segne und behüte uns. Er lasse sein Antlitz über uns leuchten und sei uns gnädig. Es segne uns der allmächtige und barmherzige Gott, der Vater und der Sohn und der Heilige Geist.
A Amen.

Lied
Komm, Herr, segne uns. (GL 451,1-4)

Kindersegnung zur Weihnachtszeit

Bei der Segnung in der Weihnachtszeit sollen die Kinder spüren, dass Weihnachten ein Geschenk des himmlischen Vaters ist, der ihnen in Christus seine Liebe gibt und seinen Schutz gewährt. Der Herr ruft zur Gegenliebe, zum Glauben und auch zum Opfer. Zeichen dafür kann ein Geldopfer für Kinder in Missions- und Kriegsgebieten sein.

Die Kinder erleben bei dieser Segnungsfeier, dass wir Menschen auf Schutz und Segen angewiesen sind. Die Eltern können dies im Familienleben, beim morgendlichen Verlassen des Hauses der Kinder z. B. zum Ausdruck bringen, indem sie ihre Kinder segnen. Dies kann dadurch geschehen, dass sie den Kindern ein Kreuz auf die Stirn zeichnen oder sie mit Weihwasser besprengen.

Eine Kindersegnung in der Weihnachtszeit z. B. am Fest der „Unschuldigen Kinder" (28. Dezember) kann eine Feier für die ganze Pfarrgemeinde werden. Das Ereignis der Weihnacht setzt sich wie eine Wellenbewegung im christlichen Alltag der Familien fort.

Lied
Zu Bethlehem geboren (GL 239,1-3)

V Im Namen des Vaters und des Sohnes und des Heiligen Geistes.

A Amen.

V Wir feiern Weihnachten, weil Jesus geboren wurde. Er ist der Retter der Welt. Gott selbst greift ein, deshalb wird sein Sohn Mensch und einer von uns. Gott liebt uns, deshalb dürfen wir seinen Segen erbitten, denn er meint es gut mit uns. Im Evangelium wird uns davon erzählt.

Lesung: Lk 2,8-14

L Aus dem Evangelium nach Lukas.
In jener Gegend lagerten Hirten auf freiem Feld und hielten Nachtwache bei ihrer Herde. Da trat der Engel des Herrn zu ihnen und der Glanz des Herrn umstrahlte sie. Sie fürchteten sich sehr, der Engel aber sagte zu ihnen: Fürchtet euch nicht, denn ich verkünde euch eine große Freude, die dem ganzen Volk zuteil werden soll: Heute ist euch in der Stadt Davids der Retter geboren; er ist der Messias, der Herr. Und das soll euch als Zeichen dienen: Ihr werdet ein Kind finden, das, in Windeln gewickelt, in einer Krippe liegt. Und plötzlich war bei dem Engel ein großes himmlisches Heer, das Gott lobte und sprach: Verherrlicht ist Gott in der Höhe und

auf Erden ist Friede bei den Menschen seiner Gnade.

Lied
Ihr Kinderlein kommet (GL 248,1-3)

Psalmgebet: Psalm 8

V/A Herr, unser Herrscher, wie gewaltig ist dein Name auf der ganzen Erde.
(Kv und Psalm gesungen: GL 33,1-2)

V Herr, unser Herrscher, /
wie gewaltig ist dein Name auf der ganzen Erde; *
über den Himmel breitest du deine Hoheit aus.

A Aus dem Mund der Kinder und Säuglinge schaffst du dir Lob, /
deinen Gegnern zum Trotz; *
deine Feinde und Widersacher müssen verstummen.

V Seh ich den Himmel, das Werk deiner Finger, *
Mond und Sterne, die du befestigt:

A Was ist der Mensch, dass du an ihn denkst, *
des Menschen Kind, dass du dich seiner annimmst?

V Du hast ihn nur wenig geringer gemacht als Gott, *
hast ihn mit Herrlichkeit und Ehre gekrönt.

A Du hast ihn als Herrscher eingesetzt über das Werk deiner Hände, *
hast ihm alles zu Füßen gelegt:
V All die Schafe, Ziegen und Rinder *
und auch die wilden Tiere,
A die Vögel des Himmels und die Fische im Meer, *
alles, was auf den Pfaden der Meere dahinzieht.
V Herr, unser Herrscher, *
wie gewaltig ist dein Name auf der ganzen Erde!
A Ehre sei dem Vater und dem Sohn *
und dem Heiligen Geist,
V wie im Anfang, so auch jetzt und allezeit *
und in Ewigkeit. Amen.

V/A Herr, unser Herrscher, wie gewaltig ist dein Name auf der ganzen Erde.

Kurze Ansprache oder Impuls

L Jesus wird Mensch. Wir freuen uns immer, wenn ein Mensch geboren wird. Neues Leben erweckt in uns Erstaunen und Freude. Wir sind erstaunt, weil Leben ein Wunder ist, hinter dem Gott steht. Er ist ein Gott des Lebens. Darüber dürfen wir uns freuen. Wenn wir Geburtstag feiern, dann feiern wir das Wunder des Lebens. Wir danken Gott für dieses Geschenk. Wir danken ihm, dass er uns liebt und uns seinen Sohn auf die Erde geschickt hat.

KINDERSEGNUNG

■ **Lied**
Ihr Kinderlein, kommet (GL 248,5)

■ **Segensbitte**

A Alle Menschen hast du gern.
Auch uns Kinder lädst du ein.
Kommt herbei und bleibt nicht fern.
Alle sollen fröhlich sein.

A Alle sollen fröhlich sein.

Kind Schenk uns deine Liebe und Freundschaft.
Schenk uns Freude, Fried und Glück.
Schenk uns Schutz und gib uns Kraft.
Schenk uns deiner Liebe Blick.

A Alle sollen fröhlich sein.

Kind Schau, wir bitten um den Segen,
der mit uns geht Tag und Nacht,
der bei Sonne und bei Regen
uns behütet und bewacht.

A Alle sollen fröhlich sein.

Kind Gib auch unsern Eltern Segen,
dass sie glauben und vertrauen
und auf allen ihren Wegen
zu dir beten, auf dich bauen.

A Alle sollen fröhlich sein.

Kind Tröste alle, welche weinen,
weil sie arm sind und verlassen,
weil sie krank sind und in Peinen,
ohne Trost und Hilf gelassen.

A Alle sollen fröhlich sein.
Kind Liebes Kind im armen Stall,
segne alle, groß und klein.
Blick uns an, wir Kinder all
wollen bei dir fröhlich sein.
A Alle sollen fröhlich sein.

Segnung der Kinder

P/V Lasset uns beten. – Herr Jesus Christus, du bist als Kind auf die Erde gekommen, um uns deine Liebe zu zeigen. Die Hirten und die Könige haben sich zu dir auf den Weg gemacht und sie haben dich gefunden.
(der Priester breitet die Hände aus und spricht)
Wir bitten dich, schenke deine Liebe diesen Kindern, die zu dir gekommen sind. Schütze sie an Leib und Seele; hilf ihnen, dass sie Freude bei dir finden und dich lieben können, wie es die Hirten und Könige taten, der du lebst und herrschest in alle Ewigkeit.
A Amen.

Die Kinder treten mit ihren Eltern vor den Priester, der jedem Kind die Hand auflegt und dann jedem Kind ein Kreuz auf die Stirn zeichnet und dabei spricht:

P/V Es segne dich Gott, der Vater, der Sohn und der Heilige Geist.

Währenddessen kann Orgelmusik diese Segnung umrahmen. Es kann auch ein Weihnachtslied gesungen werden.

Schlussgebet

P/V Lasset uns beten. – Ewiger Gott, du hast deinen Sohn als Kind auf die Welt gesandt, um uns Hilfe und Freude zu schenken. Wir loben und preisen dich, wir danken dir für deine unaussprechliche Huld, der du lebst und herrschest in alle Ewigkeit.
A Amen.

Am Schluss gehen die Kinder mit ihren Eltern zur Krippe. Dort singen alle gemeinsam:

Lied
Ich steh an deiner Krippe hier (GL 256,1-2)

▪ Entlassung

P/V Liebe Kinder! Ihr seid heute bei der Krippe gewesen, der Heiland hat euch seine Liebe geschenkt, er will euch immer begleiten, besonders wenn ihr an ihn denkt und gut zueinander seid. Der Segen des allmächtigen Gottes, des Vaters und des Sohnes und des Heiligen Geistes komme auf euch/uns alle herab und bleibe bei euch/uns allezeit.

A Amen.

P/V Gehet hin in Frieden.
A Dank sei Gott, dem Herrn.

▪ Lied

Ich steh an deiner Krippe hier (GL 256,4)

Andacht zum Taufgedächtnis

Der Weihnachtsfestkreis wird mit dem Fest der Taufe des Herrn abgeschlossen. Dieses Heilsereignis legt es nahe, dass wir uns an unsere Taufe erinnern und deren Gedächtnis feiern.

Lied
Gott liebt diese Welt (GL 464,1-5)

V Im Namen des Vaters und des Sohnes und des Heiligen Geistes.
A Amen.

Dank für die eigene Taufe

V Ich danke dir, Vater im Himmel, dass ich aus Wasser und Geist neu geboren wurde in der Taufe. Ich darf mich dein Kind nennen, denn du hast mich aus Schuld und Tod gerufen und mir Anteil an deinem Leben geschenkt.

A Ich danke dir, Jesus Chrisus, Sohn des Vaters, für deinen Tod und deine Auferstehung. Wie die Rebe mit dem Weinstock, so bin ich mit dir verbunden; ich bin ein Glied in deinem Leib, aufgenommen in das heilige Volk zum Lob der Herrlichkeit des Vaters.

A+V Ich danke dir, Heiliger Geist, dass deine Liebe aufgegossen ist in unseren Herzen. Du lebst in mir und willst mich führen zu einem Leben, das Gott bezeugt und den Brüdern und Schwestern dient. So kann ich einst mit allen Heiligen das Erbe empfangen, das denen bereitet ist, die Gott lieben.

Lesung: Röm 6,3-8

L Lesung aus dem Römerbrief.
Wisst ihr denn nicht, dass wir alle, die wir auf Christus Jesus getauft wurden, auf seinen Tod getauft worden sind? Wir wurden mit ihm begraben durch die Taufe auf den Tod; und wie Christus durch die Herrlichkeit des Vaters von den Toten auferweckt wurde, so sollen auch wir als neuen Menschen leben. Wenn wir nämlich ihm gleich geworden sind in seinem Tod, dann werden wir mit ihm auch in seiner Auferstehung vereinigt sein. Wir wissen doch: Unser alter Mensch wurde mitgekreuzigt, damit der von der Sünde beherrschte Leib vernichtet werde und wir nicht Sklaven der Sünde bleiben. Denn wer gestorben ist, der ist frei geworden von der Sünde. Sind wir nun mit Christus gestorben, so glauben wir, dass wir auch mit ihm leben werden.

Lied
Wir sind getauft auf Christi Tod (GL 329,3)

Impuls

L Christus hat keine Hände, nur unsere Hände,
um seine Arbeit heute zu tun.
Er hat keine Füße, nur unsere Füße,
um Menschen auf seinem Weg zu führen.
Christus hat keine Lippen, nur unsere Lippen,
um Menschen von ihm zu erzählen.
Er hat keine Hilfe, nur unsere Hilfe,
um Menschen an seine Seite zu bringen.
Wir sind die einzige Bibel,
die die Öffentlichkeit noch liest.
Wir sind Gottes letzte Botschaft,
in Taten und Worten geschrieben ...
Und wenn die Schrift gefälscht ist,
nicht gelesen werden kann?
Wenn unsere Hände
mit anderen Dingen beschäftigt sind
als mit seinen?
Wenn unsre Füße dahin gehen,
wohin die Sünde zieht?
Wenn unsere Lippen sprechen,
was er verwerfen würde?
Erwarten wir, ihm dienen zu können,
ohne ihm nachzufolgen?

Gebet aus dem 14. Jh.

Stille

Zeichenhandlung

Alle versammeln sich am Taufbrunnen neben der brennenden Osterkerze.

V In diesem Taufbrunnen befindet sich gesegnetes Wasser, das uns an unsere Taufe erinnert. Ohne Wasser gäbe es auf dieser Welt kein Leben. Wasser ist Leben. Jesus hat das Wasser zum Zeichen der Liebe und Nähe Gottes gemacht. Durch das Wasser sind wir mit Christus begraben worden, damit wir mit ihm leben.
Jeder/Jede von uns tritt jetzt an den Taufbrunnen und bekreuzigt sich mit dem geweihten Wasser, dann entzündet er/sie eine Kerze an der Osterkerze und stellt sie auf den dafür bereiteten Kerzenständer.
Das Kreuzzeichen mit Wasser sagt uns:
Du bist getauft! Erinnere dich daran!
Du bist von Gott geliebt! Freue dich darüber!
Du gehörst zur Gemeinschaft der Kirche!
Du lebst nicht allein,
sondern mit anderen und für andere.

Die Osterkerze erinnert uns an Christus, das Licht. Sein Licht vertreibt das Dunkel der Herzen. An diesem Licht entzünden wir unsere Kerzen, um das Licht Christi weiterzugeben und durch unser Leben zu bezeugen.

Psalmgebet: Psalm 118,19-29

V/A Das ist der Tag, den der Herr gemacht;
lasst uns frohlocken und seiner uns freuen.
(gesungen GL 66,1.2b)

V Öffnet mir die Tore zur Gerechtigkeit, *
damit ich eintrete, um dem Herrn zu danken.
A Das ist das Tor zum Herrn, *
nur Gerechte treten hier ein.
V Ich danke dir, dass du mich erhört hast; *
du bist für mich zum Retter geworden.
A Der Stein, den die Bauleute verwarfen,*
er ist zum Eckstein geworden.
V Das hat der Herr vollbracht, *
vor unseren Augen geschah dieses Wunder.
A Dies ist der Tag, den der Herr gemacht hat; *
wir wollen jubeln und uns an ihm freuen.
V Ach, Herr, bring doch Hilfe! *
Ach, Herr, gib doch Gelingen!
A Gesegnet sei er, der kommt im Namen des Herrn. /
Wir segnen euch vom Haus des Herrn her. *
Gott, der Herr, erleuchte uns.

V Mit Zweigen in den Händen schließt euch zusammen zum Reigen *
bis zu den Hörnern des Altars!

A Du bist mein Gott, dir will ich danken; *
mein Gott, dich will ich rühmen.

V Danket dem Herrn, denn er ist gütig, *
denn seine Huld währt ewig.

A Ehre sei dem Vater und dem Sohne *
und dem Heiligen Geiste.

V Wie im Anfang, so auch jetzt und allezeit *
und in Ewigkeit. Amen.

A+V Das ist der Tag, den der Herr gemacht;
lasst uns frohlocken und seiner uns freuen.

Lied
Gott liebt diese Welt (GL 464,6-8)

Apostolisches Glaubensbekenntnis

A+V Ich glaube an Gott, / den Vater, den Allmächtigen, / den Schöpfer des Himmels und der Erde, / und an Jesus Christus, / seinen eingeborenen Sohn, unsern Herrn, / empfangen durch den Heiligen Geist, / geboren von der Jungfrau Maria, / gelitten unter Pontius Pilatus, / gekreuzigt, gestorben und begraben, / hinabgestiegen in das Reich des Todes, / am dritten Tage auferstanden von den Toten, / aufgefahren in den Himmel; / er sitzt zur Rechten Gottes, des allmächtigen Vaters; / von dort wird er kommen, zu richten die Lebenden und die Toten. / Ich glaube an den Heiligen Geist, / die heilige katholische Kirche, / Gemeinschaft der Heiligen, / Vergebung der Sünden, / Auferstehung der Toten / und das ewige Leben. / Amen.

Gebet

V Allmächtiger Gott, der Glanz deiner Herrlichkeit strahle über uns auf, und Christus, das Licht von deinem Licht, erleuchte die Herzen aller Getauften und stärke sie durch den Heiligen Geist. Darum bitten wir durch Jesus Christus, deinen Sohn, unseren Herrn und Gott, der in der Einheit des Heiligen Geistes mit dir lebt und herrscht in alle Ewigkeit.
A Amen.

Segensbitte

V Es segne uns Gott, der allmächtige Vater. Durch die Wiedergeburt aus dem Wasser und dem Heiligen Geist hat er uns zu seinen Söhnen und Töchtern berufen. Es bewahre uns in seiner väterlichen Liebe.

A Amen.
V Es segne uns Jesus Christus, Gottes eingeborener Sohn. Er hat verheißen, dass der Geist der Wahrheit stets in seiner Kirche bleiben wird. Er stärke uns durch seine Kraft im Bekenntnis des wahren Glaubens.
A Amen.
V Es segne uns der Heilige Geist, der in den Herzen der Jünger das Feuer der Liebe entzündet. Er bewahre uns in der Gemeinschaft des Gottesvolkes und führe uns zur ewigen Freude.
A Amen.
V Es segne uns der allmächtige Gott, der Vater und der Sohn und der Heilige Geist.
A Amen.

Lied
Nun danket alle Gott (GL 405,1-3)

Verzeichnis der verwendeten Bibeltexte

Altes Testament

Deuteronomium	30,10a. 11.14
Jesaja	8,8-10; 9,1.5-6
Jesaja	9,1-16
Jesaja	11,10.12
Jesaja	22,22-23; 49,8-9
Jesaja	42,6-7
Daniel	7,13-14
Psalm	8
Psalm	15
Psalm	24
Psalm	25,4-5.8-10.14
Psalm	46
Psalm	89,2-3.20a.4-5.27.29
Psalm	90
Psalm	95
Psalm	96
Psalm	104,24-30
Psalm	118,16-23
Psalm	118,19-29
Psalm	130,1-8
Psalm	145,1-2.8-11.13-14
Weisheit	7,26-29

Neues Testament

Matthäus	25,1-13
Lukas	1,35-45
Lukas	1,39-56
Lukas	1,46-55
Lukas	1,68-79
Lukas	2,8-14
Lukas	12,35-37
Römer	6,3-8
nach Epheser	1,3-10
Titus	3,4-7
Hebräer	13,7-8.15-16
Offenbarung	3,14-22

Quellenverzeichnis

Alle Bibelzitate: Einheitsübersetzung der Heiligen Schrift
© 1980 Katholische Bibelanstalt, Stuttgart
Die Ständige Kommission für die Herausgabe der gemeinsamen liturgischen Bücher im deutschen Sprachgebiet erteilte für die aus diesen Büchern entnommenen Texte die Abdruckerlaubnis.
S. 11-13: Silja Walter, Jemand muss zu Hause sein: „Gebet des Klosters am Rand der Stadt". Aus: Silja Walter, Gesamtausgabe. Band 2, Paulusverlag, Freiburg, Schweiz 2000, S. 460-462
Chrysostomus Ripplinger, Und das Wort ist Fleisch geworden. Andachten zur Advents- und Weihnachtszeit © St. Benno Verlag 2003